VON RHAMM · ÜBERLEBENSTRAINING

W. R. von Rhamm

ÜBERLEBENS-TRAINING

Ein Survival-Handbuch

Orientierung
Ernährung
Kleidung
Unterkunft

Pietsch Verlag Stuttgart

Einband und Schutzumschlag: Siegfried Horn,
unter Verwendung eines Fotos von Walter Wolter

Bildquellen: Zeichnungen Heinz Werner (27); Fotos: Winsmann (12), Waffen-Frankonia
Würzburg (11), Heinz Werner (7), Puma (2), Schlieper (1), Buck (1).

ISBN 3-87943-777-7

8. Auflage 1993
Copyright © by Pietsch-Verlag, Postfach 103743, 7000 Stuttgart 10.
Ein Unternehmen der Paul Pietsch-Verlage GmbH & Co.
Sämtliche Rechte der Speicherung, Vervielfältigung und Verbreitung sind vorbehalten.
Druck: Wilhelm Röck, 7102 Weinsberg.
Bindung: E. Riethmüller, 7000 Stuttgart 1.
Printed in Germany.

Inhalt

1. Vorwort

Unser Daseinskampf hat sich seit den Tagen unserer Vorfahren von der ursprünglichen Wildnis in den Dschungel der Zivilisation verlagert; unsere Gegner sind Streß, Hektik, Leistungsdruck, Herzinfarkt, Krebs und zahllose andere Folgeerscheinungen eben jener Zivilisation. Ein Überlebensrezept gegen diese Gegner erscheint angebracht, ein Rezept für das Leben in der Umwelt unserer Vorfahren hingegen ein Anachronismus.

Seit einigen Jahren sind wir umweltbewußter geworden. Es ist mehr als melancholische Nostalgie, wenn immer mehr Menschen in ihrer Freizeit das aufsuchen, was von unserer freien Natur noch übrig geblieben ist, oder was sie dafür halten. Sie wandern durch den hochgelobten deutschen Wald, der längst zu einer wohlbewirtschafteten Monokultur geworden ist, und suchen gemeinsam mit Scharen Gleichgesinnter Entspannung am Busen der Natur, dabei übersehend, daß unter solchen Umständen von Natur keine Rede mehr sein kann.

Die Bundesrepublik Deutschland zählt zu den am dichtesten besiedelten Ländern der Welt, und bei einer durchschnittlichen Bevölkerungsdichte von weit über 200 Menschen pro Quadratkilometer nimmt es nicht Wunder, daß es selbst im hintersten Winkel des Bayerischen Waldes bei uns keine unberührte Natur mehr geben kann. Das gilt auch mehr oder weniger deutlich für das gesamte westliche und südliche Mitteleuropa; in Skandinavien sind die Verhältnisse noch wesentlich besser, und wohl auch in Osteuropa, obwohl uns aus politischen Gründen die dortige freie Natur nur selten offen steht.

Natürlich gibt es weltweit trotz rasant steigender Bevölkerung noch große Gebiete mit verhältnismäßig jungfräulicher Natur; das gilt vor allem für tropische oder arktische Regionen, in denen die Voraussetzungen für das menschliche Leben teilweise recht ungünstig sind. Die Sand- und Steinwüsten dieser Erde gehören ebenso dazu wie die polaren Zonen des ewigen Eises. Auch tropische Dschungel in Afrika und Südamerika haben sich noch ihre Ursprünglichkeit bewahrt. Wir Europäer haben allerdings kein rechtes Verhältnis zu dieser uns allzu ungewohnten natürlichen Umwelt – unsere Vorstellungen sind recht klar geprägt durch die Fauna und vor allem die Flora der gemäßigten Zonen, unsere Sehnsucht gilt dieser Fauna und Flora in ihrer unberührten Urform, der echten »Wildnis«.

Eine solche Wildnis der gemäßigten Klimazonen finden wir noch in weiten Gebieten von Eurasien und im Norden des amerikanischen Kontinents. Leider ist uns aus den erwähnten politischen Gründen die eurasische Wildnis verwehrt, so daß wir nur noch im Norden von Amerika, vor allem in Kanada, jene Wildnis erleben können, die vor vielen Jahrhunderten auch bei uns in Germanien natürlich gewachsen war.

Damit ist zunächst einmal klargestellt, was in diesem Buch unter dem Begriff »Wildnis« verstanden werden soll: die unberührte, ursprüngliche Natur der gemäßigten Klimazone, insbesondere jene im Norden des amerikanischen Kontinents. Ausgeklammert aus diesem Begriff ist die unberührte und ursprüngliche Natur der tropischen, subtropischen und arktischen Klimazonen, zur subarktischen Zone gibt es Überschneidungen.

Unsere Ahnen mußten die Kunst des Überlebens in dieser dem Menschen keineswegs immer freundlichen Wildnis in Vollendung beherrschen – zwangsläufig, denn sonst hätte sich die menschliche Rasse zumindest in den gemäßigten Klimazonen nicht entwickeln können. Dabei waren sie für den Überlebenskampf keineswegs von der Natur besonders großzügig bedacht worden, im Gegenteil. Eine Art überlebt entweder durch ihre Stärke, oder durch ihre Schnelligkeit, oder durch ihre Fruchtbarkeit: die großen Raubkatzen haben dank ihrer Stärke keine natürlichen Feinde; die Rehe, Antilopen und ähnliche Pflanzenfresser sind normalerweise schnell genug, um ihnen zu entkommen, oder wie Nashorn und Elefant noch stärker als die Raubkatzen; viele Insekten wie beispielsweise die Fliegen erhalten die Art dank ihrer ungeheuren Vermehrungsrate.

Unsere Ahnen waren von der Natur so stiefmütterlich bedacht worden, daß sie vermutlich wie viele andere Arten von Lebewesen als eine Fehlentwicklung zum Aussterben verurteilt worden wären. Sie waren nicht stark genug, um sich gegen große Raubtiere zu verteidigen oder große Pflanzenfresser zu überwältigen, zu langsam, um irgendein Beutetier zu ereilen, und ihre Vermehrungsrate war gering. Um zu überleben, mußten sie mit dem einzigen Pfund wuchern, das ihnen gegeben war: sie entwickelten ihre Intelligenz, und durch sie Hilfsmittel für den Überlebenskampf, die immer wirkungsvoller wurden. Auf den geschleuderten Stein folgte der Speer, dann kamen Pfeil und Bogen, die Armbrust und schließlich die Feuerwaffen; aus den Höhlen wurden Betonburgen, aus dem Lagerfeuer Neonlicht, Vollklimatisierung und Tiefkühltruhe. Der Überlebenskampf wurde zum Kinderspiel, bis im Gefolge der fortschreitenden Zivilisation neue Probleme auftauchten, mit denen wir uns noch heute herumschlagen.

Es ist keine Frage: wir leben heute weitaus müheloser und länger als unsere Vorfahren. Statt mit viel Kunstfertigkeit Wild zu erbeuten, dessen Fell sehr umständlich zu gerben und daraus eine verhältnismäßig unvollkommene Schutzbekleidung herzustellen, kaufen wir unsere Kleidung im Laden, weniger nach praktischen als nach dekorativen Gesichtspunkten. Ebenso machen wir es mit Nahrungsmitteln, mit dem Wohnraum, kurz mit allem, was unser Leben ermöglicht, erhält und erleichtert. Für dieses recht angenehme Leben müssen wir den Preis der Abhängigkeit zahlen. Ohne die gewohnten Annehmlichkeiten unserer hochentwickelten Zivilisation sind wir hilflos; wir sind nicht mehr in der Lage, Situationen zu meistern, die unsere weniger abhängigen Ahnen als völlig problemlos empfunden hätten. Als vor einigen Jahren ein etwas kälterer Winter als üblich in weiten Teilen von Norddeutschland die Straßen blockierte und die Stromversorgung unterbrach, wurde aus der Unannehmlichkeit – mehr war es ja eigentlich nicht – die Dimension einer Naturkatastrophe. Menschen erfroren, weil ohne Strom auch der Brenner der Ölheizung nicht mehr funktionierte und Öfen oder Herde für feste Brennstoffe längst auf den Müll gewandert waren. Nahrung verdarb in den stromlosen Kühlschränken, sie konnte auf den Elektroherden nicht gekocht werden, keine Lampe brannte mehr, Kerzen oder

Petroleumlampen waren meistens nicht vorhanden. Schlimmer noch: die meisten Bauern konnten ohne elektrische Melkanlage ihre Kühe nicht mehr melken! Das alles geschah nicht irgendwo in Alaska oder Sibirien (dort hätte man sich nämlich zu helfen gewußt), sondern hier bei uns in Deutschland!

Es zieht uns zurück zur Natur, aus Zivilisationsmüdigkeit suchen wir das »alternative« Leben, und wer konsequent ist, begnügt sich nicht mit unseren Nutzholzplantagen, sondern möchte das Abenteuer der Wildnis dort erleben, wo es eine unberührte Natur noch gibt. Abenteuerreisen sind »in«, Aktivurlaub gewinnt immer neue Freunde: eine Fotosafari oder ein Jagdurlaub, eine Kanufahrt auf wirklichem Wildwasser, zu Fuß, zu Pferd oder im Buschflugzeug, mit Schmetterlingsnetz, Angelrute oder Botanisiertrommel – der Möglichkeiten gibt es genug, in menschenferner Wildnis seinem Hobby nachzugehen. Eines dieser Hobbies nennt sich »Survival« und bedeutet auf gut Deutsch nichts anders als »Überleben«, in der Wildnis nämlich!

Nun ist ein Wildnisaufenthalt so ungefährlich freilich nicht, wie viele erlebnishungrige Zivilisationsmenschen offenbar glauben. Schon in unserer dicht besiedelten Kulturlandschaft kann es recht unangenehme Folgen haben, wenn Pilzsucher sich im Herbstwald verirren und von der Nacht überrascht werden; im Gebirge kommt es jedes Jahr zu Todesfällen, weil ungenügend ausgerüstete und unerfahrene Amateur-Bergsteiger ihre Kräfte überschätzen, in eine Notlage geraten und sich nicht zu helfen wissen. Der jedem Lebewesen selbstverständliche Überlebensinstinkt scheint bei uns vielfach verkümmert zu ein. Der Autor hat selbst die Überreste eines Safari-Fotografen gesehen, der in einem afrikanischen Nationalpark trotz strengen Verbots einfach sein Auto verlassen hat, um eine Gruppe von Löwen aus nächster Nähe zu fotografieren! Er konnte einfach nicht begreifen, daß es sich um wilde Raubtiere handelte und sie ihm gefährlich werden könnten . . .

Man kann freiwillig oder unfreiwillig in eine Survival-Situation geraten; freiwillig, indem man aus sportlichem Spaß eine Survival-Situation simuliert, und unfreiwillig aus vielerlei Gründen, von denen das Verirren anläßlich eines eigentlich einem ganz anderen Hobby dienenden Wildnis-Aufenthalts an erster Stelle stehen dürfte. Wer sich in der Wildnis aufhält, ohne einige wirklich wichtige Gegenstände mitzuführen, ist selbst schuldig, wenn eine Survival-Situation fatal endet! Man muß begreifen, daß man nicht von der nächsten Telefonzelle aus Hilfe herbeirufen kann, und verkümmerte Überlebensinstinkte reaktivieren!

Die erwähnten wichtigen Gegenstände allein genügen freilich nicht zum Überleben, einige Kenntnisse müssen hinzukommen – Kenntnisse, die unseren Vorfahren geläufig waren, heute aber weitgehend in Vergessenheit geraten sind. Wer sich in der Wildnis aufhält, sollte es als selbstverständliche Vorsichtsmaßnahme betrachten, sich diese Kenntnisse anzueignen und sich mit einigen Fertigkeiten vertraut zu machen, die in einer Notsituation lebensrettend sein können. Wenn man sich über die möglichen Gefahren klar ist, spricht nichts dagegen, freiwillig ein kalkuliertes Risiko einzugehen, um ein echtes Abenteuer zu erleben, Leichtsinn aber ist unverzeihlich. Systematische Vorbereitung muß nicht unbedingt dazu führen, daß sämtliche Hilfsmittel der Zivilisation in Anspruch genommen werden, um völlig gefahrlos »Survival« zu spielen. Wenige, aber richtig ausgewählte Hilfsmittel genügen völlig.

In den letzten Jahrzehnten hat eine regelrechte Survival-Forschung eingesetzt, und zwar durch die Militärs auf der ganzen Welt, für alle Soldaten oder doch zumindest für Spezialeinheiten (Ranger-Ausbildung). Obwohl verständlicherweise dem Überleben im Kampf gegen menschliche Feinde eine für uns Zivilisten unverdiente Priorität eingeräumt wird, verdanken wir es doch dem Militär, daß weltweit alte Kenntnisse und Fertigkeiten gesammelt, systematisch ausgewertet und durch neuere Erkenntnisse oder Hilfsmittel ergänzt wurden. Die militärische Survival-Forschung hat dazu geführt, daß ein Kundiger heute besser auf den Überlebenskampf in der Wildnis vorbereitet sein kann als unsere Vorfahren!

Ganz allgemein kann man feststellen, daß Kenntnisse in der Kunst des Überlebens mehr sind als nostalgische Spielerei. Nur wenige Hobbies vermögen eine ähnliche Befriedigung zu vermitteln wie das Meistern einer simulierten Survival-Situation, in der man mit wenigen, bescheidenen Hilfsmitteln ganz auf sich selbst gestellt auskommt, ohne die heute zur Regel gewordene Abhängigkeit von anderen. Mehr aber noch: wer ein Hobby in der freien Natur ausübt, kann jederzeit unfreiwillig in eine Survival-Situation geraten, und die Gewißheit ist erfreulich, für eine solche unverhoffte Notlage gerüstet zu sein. Darüber hinaus lassen sich mancherlei Survival-Kenntnisse, die in diesem Buch reichlich geboten werden, auch im praktischen Alltag verwerten.

In diesem Buch wird der Versuch unternommen, die Probleme einer »echten«, also unfreiwilligen Survival-Situation zu analysieren und zu lösen. Nur im letzten Kapitel wird etwas ausführlicher auf die »unechte«, die freiwillige Survival-Situation als Hobby eingegangen.

Wirkliche Survival-Freunde werden sich bemühen, sich an der Praxis zu orientieren, so daß für sie die Bewältigung und Lösung praxisgerechter Probleme interessanter sein dürfte als synthetische Sandkasten-Spiele.

Im Gegensatz zu den meisten ähnlichen Büchern wurde die militärische Seite vernachlässigt. Vernachlässigt wurden auch Hilfen, die nur in einer Kulturlandschaft denkbar sind, wie das Umarbeiten einer auf einem Müllhaufen gefundenen Konservendose in einen Mini-Ofen und ähnliche Scherze. Schließlich wurde noch darauf verzichtet, auf die spezifischen Probleme anderer Klimazonen einzugehen, wie etwa die Wassersuche in der Wüste oder das Überleben im ewigen Eis, einfach deswegen, weil solche Probleme Lösungen von geringer allgemeiner Aussagekraft verlangen und der Platz in diesem Buch beschränkt ist.

Verlag und Autor hoffen, den Lesern mit diesem Buch eine gleichermaßen interessante wie informative Lektüre zu bieten.

2. Die Notwendigkeiten

Nur wenige Leser dieses Buches werden sich wohl eines Tages einer wirklichen Survival-Situation ausgesetzt sehen, wesentlich mehr dürften ihren Spaß darin suchen, sich mit bescheidenen Hilfsmitteln einer solchen Situation freiwillig auszusetzen und vom Lande zu leben, allerdings mit einem »Rettungsanker« für den Notfall. Ähnlich ist es bei der Ranger-Ausbildung des Militärs in aller Welt. Dort müssen sich die Absolventen eines Survival-Trainings einer Abschlußprüfung unterziehen, bei der sie mit exakt vorgeschriebenen, sehr sparsamen Hilfsmitteln an einem ihnen unbekannten Ort mitten in wegloser Einöde abgesetzt werden. Sie haben den Auftrag, innerhalb einer bestimmten Frist an einem weit entfernten Ort zu erscheinen und müssen dafür sorgen, daß sie den richtigen Weg finden und nicht verhungern oder verdursten.

Tritt nun eine echte Notsituation ein, aus der sich die Teilnehmer nicht aus eigener Kraft befreien können, dann müssen sie sich ihres »Rettungsankers« bedienen, was natürlich bedeutet, daß die Aufgabe nicht erfüllt wurde und deshalb tunlichst vermieden wird. Dieser »Rettungsanker« besteht heute meistens aus einem kleinen Funkgerät, das ausschließlich benutzt werden darf, wenn man in einer Notlage resigniert und Hilfe herbei ruft.

Bei einer wirklichen Survival-Situation hat man keinen solchen »Rettungsanker« und muß auch mit argen Notlagen aus eigener Kraft fertigwerden, wenn man überleben will. Überdies fehlt auch die beruhigende Gewißheit, daß ja nichts passieren kann und die gestellte Aufgabe wohl anstrengend und schwierig sein mag, aber keine Schwierigkeiten auftreten werden, die man mit den im Lehrgang vermittelten Kenntnissen nicht zu bewältigen vermag. Schlimmer noch: die Hilfsmittel, mit denen die Absolventen eines Ranger-Lehrganges in ihr Abschluß-Abenteuer geschickt werden, mögen sehr dürftig sein, genügen aber bei entsprechendem Geschick völlig, um mit praktisch allen auftretenden Problemen fertigzuwerden. Ob wir hingegen in einer wirklichen Survival-Situation mit ähnlich zweckmäßigen Hilfsmitteln ausgerüstet sein werden, ist zumindest keineswegs sicher. Der zweckmäßigen Survival-Ausrüstung ist ein eigenes Kapitel gewidmet. Man kann mit den entsprechenden Kenntnissen relativ problemlos praktisch unbegrenzte Zeit in der Wildnis überleben, wenn man ein Survival-Kit mitführt, das weniger als ein Kilogramm wiegt. Andererseits wird vieles erleichtert, wenn mehr Platz vorhanden ist und ein höheres Gewicht transportiert werden kann, wenn man also Hilfsmittel für eine Survival-Situation nicht nur allzeit am Gürtel mitführt, sondern mehr Platz im Rucksack oder gar in einem Boot, auf einem Pferd usw. vorhanden ist.

Irgendwann und irgendwo verlaufen die Grenzen fließend zwischen einer echten Survival-Situation und einer abenteuerlichen Wanderung durch die Wildnis. Man kann zu Fuß, im Boot oder zu Pferd, vielleicht sogar mit einem Geländewagen durch die Wildnis wandern und dabei Hilfen in der unterschiedlichsten Form dabei haben. Ein wildniskundiger Führer, reichlich Proviant, geräumige Zelte, Betten und Schlafsäcke können einen Marsch durch die unberührte Wildnis zu einem überaus reizvollen und angenehmen Erlebnis machen, ohne anstrengend oder gar gefährlich zu sein. Wer dann noch erfolgreich mit Gewehr, Angelrute, Fotoapparat, Schmetterlingsnetz oder Botanisiertrommel auf Beute pirscht, wird sein Hobby mit vollen Zügen genießen, bis – ja bis plötzlich durch einen unvorhersehbaren Umstand eine echte Survival-Situation entstanden ist!

Der Möglichkeiten gibt es viele. Vielleicht genügt es schon, wenn der kundige Führer verunglückt, vielleicht kentert das Boot samt Insassen und Inhalt, vielleicht reißen die Packpferde samt ihren Packen vor Wölfen aus oder der Geländewagen verendet mit einem technischen Defekt. Wenn es nun nicht gelingt, mit den verbliebenen Hilfsmitteln wieder zu den Fleischtöpfen der Zivilisation zu gelangen, ist das Überleben in Frage gestellt!

Völlig ohne Hilfsmittel ist man praktisch nie, selbst wenn es nur die Kleidung ist, die man am Leibe hat. Wer überdies durch die Wildnis wandert, ohne zumindest ein Messer am Gürtel und ein paar Streichhölzer in der Tasche zu haben, ist selbst an allen sich daraus ergebenden Widrigkeiten schuld. Zum Teil gilt das auch dann, wenn man überhaupt nicht die Absicht hatte, in die Wildnis zu gelangen, wenn man also etwa mit dem Flugzeug notlanden mußte. Kaum jemals ist man völlig ohne Hilfsmittel, es kommt aber darauf an, daß man sich ihrer zu bedienen weiß.

Tatsächlich ist es auch möglich, in den weitaus meisten Situationen völlig ohne Hilfsmittel auszukommen, gewissermaßen splitternackt einer Survival-Situation ausgesetzt zu sein und dennoch zu überleben! Dazu gehört freilich neben einem umfassenden Wissen viel Glück, und die Probleme sind ungleich größer, als wenn man einige wenige Hilfsmittel bei sich hat.

Der Mensch benötigt zum Überleben viel weniger, als es uns verweichlichten Kindern einer hochstehenden Zivilisation und einer übersättigten Wohlstandsgesellschaft möglich zu sein scheint. Viele Dinge, die uns unverzichtbar erscheinen, erweisen sich plötzlich als durchaus entbehrlich, wenn es um das nackte Überleben geht. So mancher, der beteuert hat, ohne Auto, ohne Zigaretten, ohne Fernseher oder ohne Alkohol nicht leben zu können, hat auch schon ohne eine solche echte Notlage sehr rasch lernen müssen, auf diese und andere tatsächliche oder vermeintliche Annehmlichkeiten zu verzichten.

Lebensnotwendig ist natürlich die Atemluft, aber auf ihr Vorhandensein haben wir keinen Einfluß, wenn man einmal jene seltenen Fälle ausklammert, bei denen wir sie konserviert mitführen müssen: unter Wasser, in extremen Höhen oder im Weltraum. Alle anderen wirklichen, elementaren Notwendigkeiten lassen sich wohl nicht auf einen, aber wenigstens auf zwei gemeinsame Nenner bringen: Ernährung und Schutz! Betrachten wir uns beide einmal etwas näher, und beginnen wir mit der Ernährung. Essen und Trinken hält bekanntlich Leib und Seele zusammen. Ohne diese »Brennstoffe« ist unser Körper nicht lebensfähig, zumindest nicht auf die Dauer. Es ist also unerläßlich, ihn damit zu versorgen, und zwar ausreichend in Quantität wie in Qualität!

Der Bedarf an fester und an flüssiger Nahrung hängt von vielen Faktoren ab, zum Beispiel vom Körpergewicht und der zu leistenden Arbeit, vor allem aber von der Umwelt-Temperatur. Es hat Menschen gegeben, die freiwillig unter ärztlicher Aufsicht mehr als zehn Wochen nur von Wasser gelebt haben, allerdings waren sie dabei körperlich untätig, so daß der Körper nur sehr allmählich seine eigene Substanz aufzehrte. Daraus folgt auch, daß Menschen, die um ihre Leibesmitte den in unserer Wohlstandsgesellschaft so häufigen »Rettungsring« in Form eines Polsters aus gespeichertem Fett tragen, körperlich wohl weniger belastbar sind, aber auch länger ohne feste Nahrung zu überleben vermögen.

Um mehr als zehn Wochen, das ist fast ein Vierteljahr, ohne feste Nahrung nur von Trinkwasser leben zu können, muß man nicht nur kerngesund sein und jede körperliche Tätigkeit vermeiden, sondern der Körper darf auch keine unnötigen Energien verbrauchen, um sich der Umwelttemperatur anzupassen.

Der durchschnittliche »Otto Normalverbraucher« befindet sich im Stoffwechsel-Gleichgewicht, wenn ihm ebensoviel Energie zugeführt wird, wie der Körper verbraucht, nämlich bei geringer körperlicher Tätigkeit, einem Gewicht von 70 kg und einer Umwelttemperatur um 20 Grad täglich etwa 12000 Joule. Das ist eine eindrucksvoll große Zahl, aber ein Gramm Fett enthält fast 40 J, ein Gramm Eiweiß (Protein) oder Kohlenhydrate jeweils etwa 17 J. Das sind die Hauptbestandteile unserer Nahrung, längerfristig kann man auf keinen Bestandteil verzichten, so daß es nicht genügt, sich ausschließlich von Fett als dem hochwertigsten Energieträger zu ernähren.

Wer in der Wildnis überleben will, wird in aller Regel eine gewisse stärkere körperliche Arbeit leisten müssen, sein Energiebedarf ist demzufolge entsprechend höher. Er kann bis auf mehr als 20000 J anwachsen, im Durchschnitt wird man vielleicht von 16000 J ausgehen können. Das entspricht etwa einem Pfund konzentrierter Nahrung mit einem hohen Fettanteil.

Tatsächlich aber sollte der Anteil an Fett geringer und der Anteil an Eiweiß und an Kohlehydraten größer sein, so daß eine Tagesration von einem Pfund Nahrung bei stärkerer körperlicher Belastung eher eine Untergrenze ist. Auch gibt es bestimmte Vitamine und Mineralstoffe – Spurenelemente – die vom Körper unbedingt benötigt werden, weil andernfalls Mangelerscheinungen auftreten. Die wohl bekannteste Mangelerscheinung ist der Skorbut, der früher zahllose Opfer forderte und auf Vitamin C-Mangel zurückzuführen ist. Auch wenn eine Ernährung quantitativ ausreicht, kann sie doch zum Tod führen, wenn ihre Qualität, also ihre Zusammensetzung, nicht dem Mindestbedarf entspricht. Liebig war es, der das nach ihm benannte »Gesetz des Minimums« aufstellte, für Pflanzen zwar, aber es hat prinzipiell auch für die menschliche Ernährung Gültigkeit. Danach können Lebensmittel im Überfluß vorhanden sein, aber wenn eine auch nur in winzigen Mengen erforderliche, lebensnotwendige (essentielle) Komponente fehlt, wird man dennoch allmählich zugrunde gehen.

In der Praxis ist das allerdings nicht so arg, wie man vielleicht befürchten könnte. Immer gibt es Mittel und Möglichkeiten, den Körper auch qualitativ ausreichend zu ernähren, wenn man sich zu helfen weiß. Erstens ist der Körper·in gewissen Grenzen anpassungsfähig, zweitens kann er nicht nur lange Zeit völlig ohne Nahrung auskommen, sondern auch eine längere Zeit mit einseitiger Ernährung, und drittens finden sich selbst unter extremen Bedingungen noch Möglichkeiten zur vielseitigeren Ernährung.

Fett kommt sowohl in tierischer als auch in pflanzlicher Kost vor, auch Eiweiß, obwohl tierisches Eiweiß als höherwertig gilt. Kohlenhydrate hingegen kommen nur in Pflanzen vor; Eskimos wissen sich zu helfen, indem sie beispielsweise über den Mageninhalt erlegter Karibous an Kohlenhydrate kommen . . .

Menschen sind Allesfresser, im Gegensatz zu reinen Fleisch- oder Pflanzenfressern, und damit in der Lage, praktisch überall Nahrung finden zu können. Ist Nahrung in ihrer natürlichen Form so beschaffen, daß sie von unseren Verdauungsorganen nicht oder nicht vollständig verarbeitet werden kann, sind wir in der Lage, sie auf vielfältige Weise, meistens durch Einwirkung von Hitze (Kochen, Braten usw.) genießbar zu machen. Selbst Holz und Rinde kann auf diese Weise eßbar und verdaulich aufbereitet werden. Es soll nicht dem Kapitel über die Ernährung vorgegriffen werden, in dem praktische Hinweise gegeben werden, aber es sei doch zumindest davor gewarnt, nur fast fettfreie, schwerverdauliche Kost zu essen, da deren Verdauung unter Umständen mehr Energie schluckt, als dem Körper durch die Nahrung zugeführt wird! Theoretisch könnte man dann schneller verhungern, als wenn man überhaupt nichts ißt, aber in der Praxis ist ein solcher Extremfall kaum zu erwarten. Es bleibt also der Grundsatz gültig, daß Nahrung in jeder Form den Hungertod hinauszögert, man aber um eine möglichst vielseitige Ernährung bemüht sein sollte.

Auch bei mäßiger körperlicher Beanspruchung kann ein gesunder Mensch mehrere Wochen ohne Nahrung überleben. Nach einem Monat hat er erst knapp ein Viertel seines Körpergewichtes verloren, er kann aber rund die Hälfte entbehren, bevor der Tod eintritt. Allerdings ruht der Verdauungsprozeß, so daß jene Schadstoffe, die ansonsten durch den Stoffwechsel ausgeschieden werden, im Körper verbleiben. Deshalb wird empfohlen, viel Wasser zu trinken, um sie auf diese Weise über den Urin auszuscheiden.

Womit wir bei der Wasserversorgung des Körpers angelangt wären. Hier sind die Überlebenschancen weit weniger günstig, wenn das Wasser fehlt, als bei Nahrungsmangel. Ähnlich wie der Nahrungsbedarf hängt der Wasserbedarf des Körpers sehr stark von der Umwelttemperatur ab. Während aber der Nahrungsbedarf bei niedrigen Temperaturen besonders groß ist, wächst der Wasserbedarf mit steigender Temperatur. Bei mittlerer körperlicher Arbeit benötigen wir rund eineinhalb Pfund fester Nahrung am Tag. Vom Wasser hingegen benötigen wir selbst bei mäßigen Außentemperaturen täglich zwei Liter als Minimum. Wie stark der Wasserbedarf unseres Körpers von der Außentemperatur abhängt, zeigt die bekannt gewordene Adolph'sche Tabelle:

Lebenserwartung in Tagen nach Adolph:

max. °C im Schatten	ohne Wasser	mit 1 Liter	mit 2 Liter	mit 4 Liter	mit 10 Liter	mit 20 Liter
49°C	2	2	2	2 1/2	3	4 1/2
43,3°C	3	3	3 1/2	4	5	7
37,7°C	5	5 1/2	6	7	9 1/2	13 1/2
32,2°C	7	8	9	10 1/2	15	23
26,5°C	9	10	11	13	19	29
21°C	10	11	12	14	20 1/2	32
15°C	10	11	12	14	21	32
10°C	10	11	12	14 1/2	21	32

Die »krummen« Temperaturen erklären sich dadurch, daß Adolph seine Tabelle in Grad Fahrenheit aufstellte und umgerechnet werden mußte; die Celsius-Werte entsprechen den Temperaturen zwischen 50° F und 120° F.

Wir können der Tabelle entnehmen, daß der Wasserbedarf unseres Körpers bis zu einer Umwelttemperatur von etwa 21° Celsius praktisch unverändert ist. Bei höheren Temperaturen steigt der Bedarf dann geradezu sprunghaft an.

Der Tabelle kann auch entnommen werden, daß der tägliche Wasserbedarf bei Temperaturen bis zu 21° Celsius recht genau einen Liter beträgt – wenn man nicht arbeitet, d.h. sich in keiner Weise körperlich betätigt! Je nach Art und Umfang der körperlichen Betätigung kann man von einem Normalverbrauch zwischen 2 und 3 Litern täglich ausgehen, um einen praxisgerechten Durchschnittsverbrauch unter Survival-Bedingungen zu ermitteln.

Demgemäß beträgt die Überlebensspanne unter körperlicher Belastung möglicherweise weniger als die Hälfte der Tabellenwerte. Man kann getrost annehmen, daß niemand unter körperlicher Belastung und Survival-Bedingungen länger als eine Woche ohne Wasser zu überleben vermag, wohl aber fünfmal so lange ohne Nahrung!

Wenn der tägliche Bedarf an hochwertiger Nahrung unter Survival-Bedingungen mit etwa 0,7 kg angesetzt werden kann, dann würde die tägliche Wasserration ungefähr das Vierfache wiegen, zumal dafür auch ein Transportbehälter erforderlich ist.

Ist ausreichend Wasser vorhanden, kann der Körper, wie wir gesehen haben, rund die Hälfte seines Gewichtes verlieren, bevor der Tod eintritt. Ohne Wasser stirbt man aber bereits, wenn 15 Prozent des Körpergewichts als Flüssigkeit verloren werden! Wasser ist also offensichtlich weitaus wichtiger für das Überleben als feste Nahrung.

Der Tabelle ist nicht zu entnehmen, wie man seinen Wasservorrat am besten einteilt, um ihn möglichst lange zu »strecken«. Neueren Erkenntnissen zufolge ist es auch völlig belanglos, ob man den Wasservorrat von beispielsweise einem Liter auf einmal trinkt oder in zehn winzigen Schlückchen aufteilt. Im Gegenteil wird sogar empfohlen, immer dann zu trinken, wenn man Durst verspürt, bis der Vorrat aufgebraucht ist. Benötigt der Körper Wasser, das ihm nicht als Trinkwasser zugeführt wird, greift er seine Reserven an und entnimmt das benötigte Wasser zunächst dem Blut, das dadurch eindickt. Es ist logisch, daß es keine Rolle spielt, ob der Tagesbedarf auf einmal oder in Etappen getrunken wird – sobald ein Defizit auftritt, müssen die Körperreserven angezapft werden. Das stellt viele Sparregeln auf den Kopf, die bislang als Grundlage des Überlebens galten. Was man tun kann, ist eine Verminderung des Bedarfs, indem man nicht während der Tageshitze marschiert, sondern im Schatten möglichst bewegungslos verbringt und erst in der Kühle der Nacht den Marsch fortsetzt. Auch hilft es, sich bei jeder sich bietenden Gelegenheit bis zur absoluten Grenze vollzutrinken. Das sind mindestens zwei Liter; eine Bundeswehr-Feldflasche enthält nur 0,8 Liter. Hieraus ergeben sich auch schon die Schwierigkeiten, einen

Wasservorrat auf einem Marsch durch die Wildnis mitzuführen, der den Bedarf für ein paar Tage zu decken vermag. Der Wasserbedarf einer Woche beträgt bei stärkerer körperlicher Belastung selbst unter günstigen Umständen bei niedrigen Umwelt-Temperaturen rund 20 Liter, zusammen mit dem Gewicht des Transportbehälters also mehr als 20 Kilogramm. Der Nahrungsbedarf für eine Woche kann beliebig verpackt werden, bedarf meistens keiner besonderen Behälter und wiegt etwa fünf Kilo.

Wasser ist also für unseren Körper weit wichtiger als feste Nahrung, und folglich wird die Suche nach Wasser in einer Survival-Situation meistens an erster Stelle unserer Prioritätenliste stehen. Meistens, aber nicht immer. Bei sehr niedrigen Temperaturen nämlich löst sich das Wasserproblem von selbst durch reichlich vorhandenen Schnee oder Eis (auch wenn es garnicht so einfach ist, daraus Trinkwasser zu gewinnen, wie wir noch sehen werden). Dagegen wächst der Nahrungsbedarf mit sinkender Temperatur in ähnlicher Weise wie der Wasserbedarf mit steigender Temperatur.

Bei winterlichen Temperaturen wird die Nahrungsbeschaffung überdies beträchtlich erschwert – das Angebot an pflanzlicher Nahrung ist wesentlicher geringer, und auch Tiere sind meistens schwerer zu erbeuten. Im Winter sind also gewissermaßen die Verhältnisse umgekehrt, die Prioritäten müssen anders gesetzt werden. Während normalerweise zuerst Wasser gesucht werden muß und sich das Nahrungsproblem dann von selbst löst (Fische, besonders reiche Vegetation in Wassernähe, Wild kommt zur Tränke und kann dort erlegt werden), ist im Winter die Wasserversorgung kein Problem, wohl aber die Beschaffung der benötigten Nahrung.

Und noch ein Problem tritt bei niedrigen Temperaturen auf, nämlich die Notwendigkeit, unseren Körper vor Wärmeverlust so gut wie möglich zu schützen. Damit sind wir bei dem »Schutz« angelangt, dem zweiten der beiden gemeinsamen Nenner neben der »Ernährung«, die wir zunächst verlassen wollen.

Schützen müssen wir uns in einer Survival-Situation vor Witterungs-Unbill sowie eventuell gegen menschliche oder tierische Feinde. Die menschlichen Feinde tauchen mit schöner Regelmäßigkeit in der einschlägigen Literatur auf, und es wird sehr ausführlich geschildert, wie man diesen Feinden ausweicht und entkommt oder sich gegen sie verteidigt. Heutzutage ist es allerdings kaum denkbar, daß man sich in Friedenszeiten vor menschlichen Feinden hüten muß. Im Gegenteil wird es ja das Bestreben eines jeden Menschen in einer echten Survival-Situation sein, wieder Anschluß an die Zivilisation zu finden. Wer eine Survival-Situation in unseren europäischen Wäldern aus sportlichem Spaß simuliert und sich dabei um möglichst »originalgetreue« Bedingungen bemüht, hat allerdings unter Umständen andere Menschen zu fürchten. Dann nämlich, wenn er die Realistik übertreibt und mit Waffe oder Schlingen illegal dem Wild nachstellt. Dafür haben Jäger und Förster begreiflicherweise wenig Verständnis!

Spaß beiseite: die ausführliche Würdigung menschlicher Feinde in der Survival-Literatur ist vor allem darauf zurückzuführen, daß diese in aller Regel auf militärische Verhältnisse abgestimmt ist und sich an Soldaten wendet. Im Krieg gibt es natürlich menschliche Feinde, und ein abgestürzter Pilot oder ein Kriegsgefangener muß versuchen, sich durch die feindlichen Linien wieder zur eigenen Truppe durchzuschlagen. Das ist dann eine zusätzliche Erschwernis, zumal mit unzureichender Ausrüstung.

Weitaus größer ist die Gefahr, die uns durch Tiere droht, wenn auch in anderer Weise, als vielfach angenommen. In Afrika, Asien oder Alaska laufen Großraubtiere frei in der Gegend herum, Löwen, Tiger, Leoparden, in Alaska oder Kanada sind es Bären bis hin zum gefürchteten Grisly, Wölfe, Pumas und auch Luchse. Alle diese Raubtiere können wohl ohne sonderliche Mühe einen Menschen töten oder zumindest schwer verletzen, aber die Gefahr eines unprovozierten Angriffs ist äußerst gering. Das soll nicht bedeuten, daß Leichtsinn angebracht wäre, vorsichtiger Respekt ist bei einer Begegnung sicherlich vorzuziehen, zumal dann, wenn es für unser Gegenüber etwas zu verteidigen gibt. Am Riß sind Raubtiere ebenso gefährlich wie ein Muttertier mit Jungen. Ansonsten aber meiden Raubtiere selbst in menschenferner Wildnis jede Begegnung mit ihrem Erzfeind, der ihnen schon durch die Beherrschung des gefürchteten Feuers unheimlich ist.

Vor allem in südlichen Ländern gibt es allerlei unangenehmes und giftiges Getier, wie Schlangen oder Skorpione. Auch dieses Getier verliert bei Vorsicht und zweckmäßiger Bekleidung viel von seinem Schrecken. Wer dort allerdings barfüßig unterwegs ist, freiwillig oder durch den Zwang der Umstände einer Survival-Situation, geht damit ein beträchtliches Risiko ein.

Die größte, die eigentliche Gefahr droht von winzigen Tierchen, von den Fliegen, Mücken, Moskitos, oder wie diese geflügelten Blutsauger auch immer genannt werden. Es gibt sie nicht nur in südlichen Ländern, sondern während des Sommers auch im Norden. Gerade ein Mitteleuropäer, an solche Plage nicht gewöhnt, kann ungeschützt so maßlos zerstochen werden, daß echte Lebensgefahr besteht. Schutz verleihen Tabletten (jawohl, das gibt es), Salben oder Cremes, vor allem aber ein Moskitoschleier; bei einer Rast hilft wie bei fast allen anderen Gefahren das Feuer, und wer keine anderen Hilfsmittel verfügbar hat, kann sich auf die gleiche Weise notdürftig schützen wie das Wild. Das suhlt sich nämlich im Schlamm, der am Körper trocknet und eine Schutzschicht bildet. Vielleicht kann man den Plagegeistern auch ausweichen, sie bevorzugen Niederungen, Feuchtgebiete und Wärme, sind also in Höhenlagen, trockenen Gegenden oder bei kühler Witterung nicht zu finden.

Noch wesentlich kleiner sind Lebewesen, die allerdings nicht tierischen, sondern pflanzlichen Ursprungs sind, nämlich die Bakterien. Meistens sind sie nicht gefährlich, wenn ein Organismus daran gewöhnt ist. Eingeborene trinken Wasser und essen Nahrung, gegen die sich unser Körper zunächst heftig wehrt. Wie Wasser aufbereitet werden muß, um auch für uns trinkbar zu sein, wird noch in anderem Zusammenhang geschildert.

Schutz vor der Witterung bietet uns zunächst die Bekleidung, aber auch das sprichwörtliche »Dach über dem Kopf«. Die zweckmäßige Bekleidung muß natürlich in tropischen Regionen eine andere sein als bei arktischen Temperaturen, ist aber immer nur ein Kompromiß. Ein zuverlässiger Regenschutz etwa hat den Nachteil, den Körperschweiß nicht verdunsten zu lassen, weil er eben in beiden Richtungen wasserdicht ist. Stabile Stiefel sind schwer und behindern flottes Marschieren. Bei wechselnden Temperaturen und unterschiedlicher körperlicher Belastung ist die Kleidung einmal zu warm, ein anderesmal friert man darin, usw. Selbst wenn man die Möglichkeit hat, sich für eine Survival-Situation zweckmäßig einzukleiden, wird man sich erheblich beschränken müssen, denn Kleidung mag nicht sehr schwer sein, ist aber voluminös. Meistens aber wird man von einer Survival-Situation überrascht und hat nicht die Möglichkeit, sich eigens dafür zu bekleiden. Dann gilt es, die vorhandene Kleidung zu ergänzen: wie, wird noch beschrieben. Gewissermaßen zwischen der Bekleidung und dem »Dach über dem Kopf« steht der Schlafsack. Wenn er wasserdicht ist, kann man mit ihm unter allen Witterungsbedingungen auch im Freien, ohne das besagte Dach, übernachten. Leider wirkt eine wasserdichte Außenbeschichtung beidseitig, läßt also auch den Körperschweiß nicht verdunsten. Außerdem ist ein für wirklich arktische Temperaturen geeigneter Schafsack wohl nicht allzu schwer, aber sehr voluminös.

Ein Erwachsener hat eine Körper-Oberfläche von etwa 1,5 Quadratmeter, über die er während des Schlafens bei Normaltemperatur (37° Celsius) pro Stunde ca 50 Gramm Wasser und 70 Watt Wärme abgibt. Während eines achtstündigen Schlafzyklus wäre das immerhin knapp ein halber Liter Wasser! Ein guter Schlafsack soll das Verdunsten dieses Wassers ermöglichen und die Körpertemperatur konstant halten.

Das beste Füllmaterial für Schlafsäcke sind noch immer Daunen, kein Kunststoff kommt ihnen gleich. Bei gleichem Gewicht sind Daunen-Schlafsäcke wärmer, bei gleicher Wärme leichter und auch kleiner zusammenzurollen.

Wer sicher ist, stets vor Feuchtigkeit geschützt schlafen zu können, ist mit einem Daunenschlafsack mit atmungsaktivem Bezug am besten bedient. Selbst in einem dünnen Zelt können damit praktisch alle denkbaren Minustemperaturen ertragen werden, vorausgesetzt, die Daunen sind von guter Qualität und der Bezug ist ordentlich verarbeitet. Ist er einfach durchgesteppt, entstehen an den Nähten Kältebrücken; bessere Schlafsäcke sind im Gefach oder mit versetzten V-Nähten gesteppt.

Nur selten wird man in einer Survival-Situation gewiß sein, immer ein Dach über dem Kopf zu haben. Der unter freiem Himmel ideale

Tarnfarbiger Daunen-Schlafsack mit Ärmeln – warm und praktisch.

Schlafsack hat eine wasserdichte Unterseite und eine wasserabstoßende, aber atmungsaktive Oberseite. Seine Füllung hängt davon ab, bei welchen Kältegraden man überleben muß. Bis zu Temperaturen knapp unter dem Gefrierpunkt hat der Verfasser unter freiem Himmel recht gute Erfahrungen mit dem Bundeswehr-Schlafsack gemacht. Dieser Schlafsack ist auch insofern praktisch, als sein Unterteil durch einen Reißverschluß geöffnet und hochgeklappt werden kann. Überdies hat er separate Ärmel, so daß man ihn auch als Mantel verwenden und darin laufen kann. Dieser Schlafsack sollte allerdings tagsüber gewendet und gut gelüftet werden, damit jede Feuchtigkeit verdunsten kann. Er wiegt knapp drei Kilogramm, was verhältnismäßig viel ist, zumal es wesentlich wärmere Daunenschlafsäcke gibt, die zwischen 1500 und 2000 Gramm wiegen.

Der Wärmeisolation kommt bei niedrigem Umwelt-Temperaturen eine überragende Bedeutung zu. Eine Survival-Weisheit besagt, daß der Mensch drei Wochen ohne Nahrung überleben kann, drei Tage ohne Wasser, aber nur drei Stunden ungeschützt bei großer Kälte. Wir wissen wohl, daß ein gesunder Mensch sowohl länger ohne Nahrung als auch ohne Wasser auskommt, aber der Spruch hat doch eine gewisse Berechtigung, weil er die Bedeutung eines wirkungsvollen Kälteschutzes unterstreicht.

Das »Dach über dem Kopf« kann die unterschiedlichste Form annehmen. Unsere Vorfahren hausten zu Beginn der Menschwerdung in Höhlen, und eine passende Höhle ist auch heute noch eine recht nützliche Behausung, zumal dann, wenn sie unseren Bedürfnissen entsprechend aus- und umgebaut wird. Ist ein schließbarer Eingang und ein Rauchabzug vorhanden, eignet sich eine Höhle bestens für einen Daueraufenthalt in tiefem Winter. Leider gehört es zu den seltensten Glücksfällen, in einer Survival-Situation gerade eine passende Höhle zu finden.

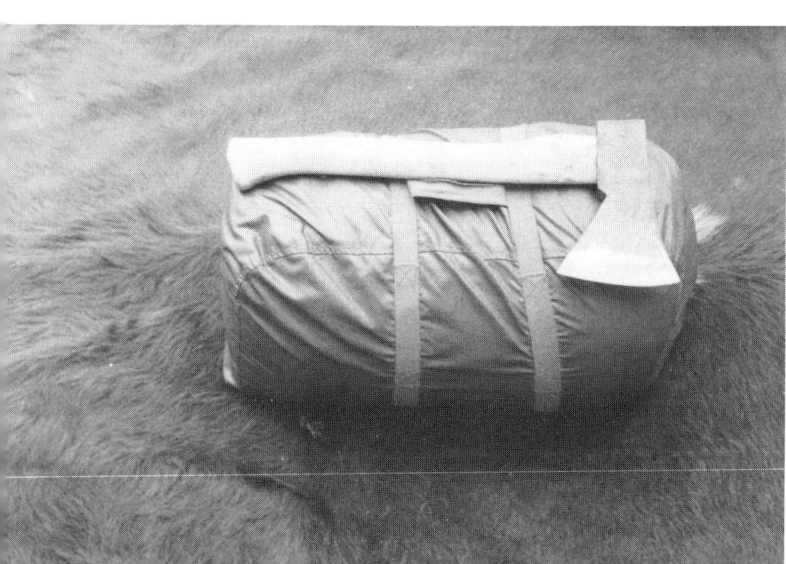

Der nebenstehende Schlafsack ist zusammengerollt sehr kompakt, wie das zum Größenvergleich abgebildete Handbeil beweist.

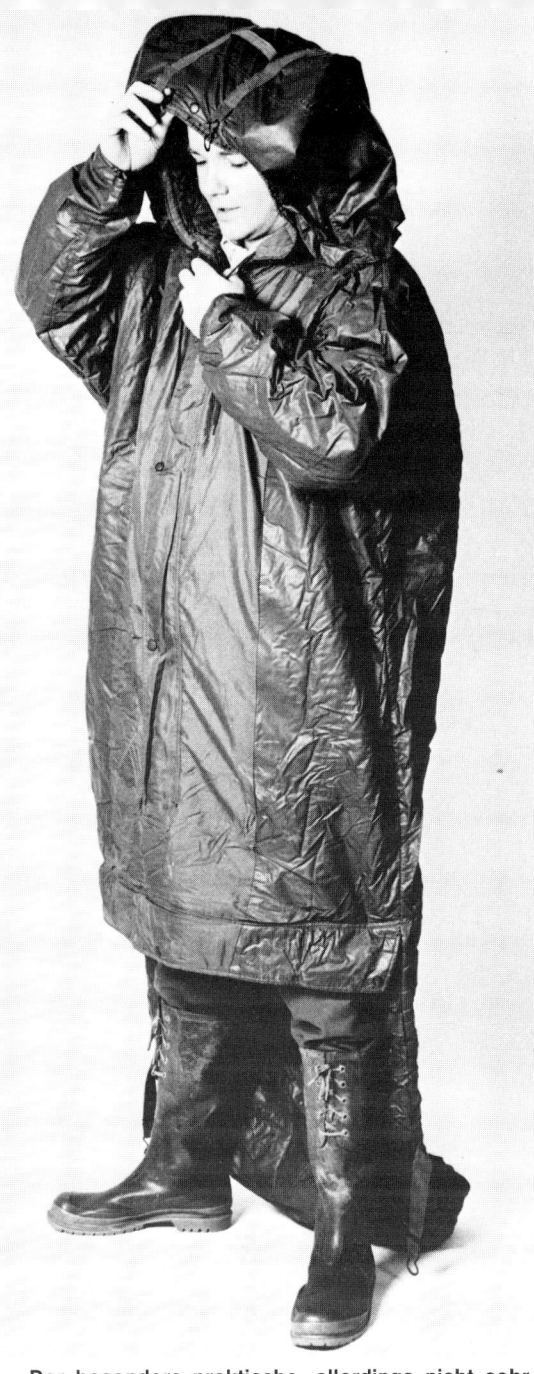
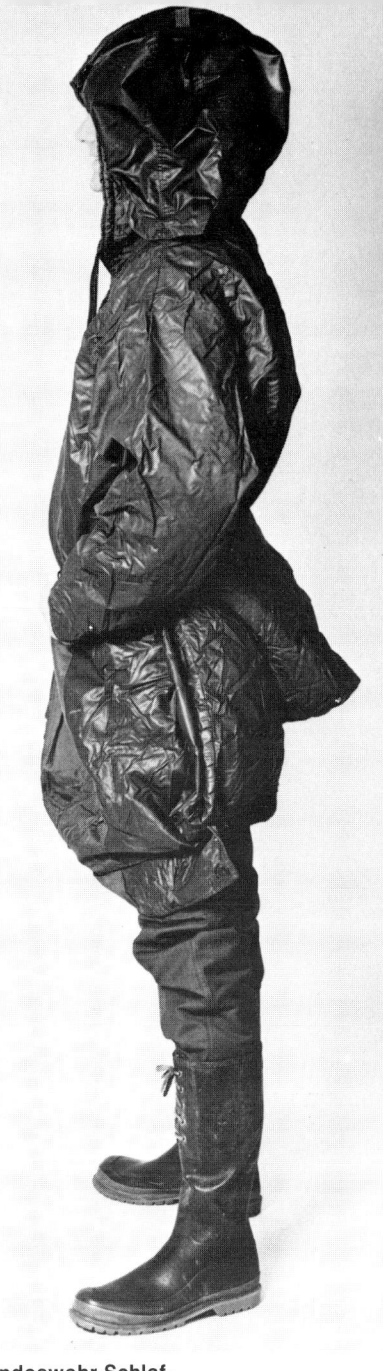

Der besonders praktische, allerdings nicht sehr warme Bundeswehr-Schlaf-
sack. Unten und seitlich ist er wasserdicht, oben wassergeschützt, aber
atmungsaktiv. Ein horizontaler Reißverschluß in Kniehöhe erlaubt es, aus dem
Unterteil zu schlüpfen, ohne den Schlafsack ausziehen zu müssen (Bild links).
Das Unterteil kann hochgebunden werden (Bild rechts), so daß man mit dem
Schlafsack laufen kann und dieser als Mantel dient.

Eine solche Höhle ist durch das Erdreich gut isoliert und zugfrei, leider aber nur durch das Feuer beleuchtet. Freilich trifft das auch auf ein Blockhaus in einfacherer Form zu; es ist außerordentlich schwierig, mit dem primitiven Werkzeug, das in einer Survival-Situation zur Verfügung steht, Fenster und Türen anzufertigen, selbst wenn viel Zeit zur Verfügung steht. Eine Türöffnung ist ja unentbehrlich, aber jede weitere Öffnung sollte als Kälteloch vermieden werden. Glas steht in der Wildnis für die Fensterscheiben nicht zur Verfügung. Wie man sich helfen kann, wenn man viel Zeit hat und gehobene Ansprüche stellt, wird in Kapitel 8 ausführlich geschildert.

Ein Leichtzelt ist nur dann geeignet, wenn man durch die Wildnis marschiert und dabei keine niedrigen Temperaturen herrschen. Tatsächlich ist es dann sogar noch einem Schlafsack vorzuziehen, denn es wiegt etwa ebensoviel, nämlich zwischen 1,5 und 3 Kilogramm, schützt vor Feuchtigkeit und Regen und ist dabei so geräumig, daß zwei Personen gut darin schafen können. Überdies ist es weniger voluminös. Leider bietet es kaum Schutz vor Kälte, so daß es bei niedrigen Temperaturen allenfalls zusätzlich mitgeführt werden kann und damit zu einer entbehrlichen Belastung wird. Natürlich kann in einem Zelt, zumindest in den beschriebenen kleinen Leichtzelten, kein Feuer angezündet werden, was bedeutet, daß es nicht erwärmt werden kann und man bei Regen vor dem Zelt auch kein Feuer zum Kochen anzuzünden vermag.

Selbst kleine, leichte Wanderzelte sollten einen hochgezogenen, wasserdichten Boden und ein Überdach haben, das wasserundurchlässig ist, während das eigentliche Zelt atmungsaktiv sein sollte, damit sich kein Kondenswasser bildet. Ein vor dem Eingang eingearbeitetes Moskitonetz kann sehr gute Dienste leisten, jedenfalls sollten die Entlüftungs-Öffnungen fliegendicht sein.

Wie alle funktionellen Dinge bester Qualität sind leichte Wanderzelte außerordentlich teuer im Vergleich zu ähnlichen, aber weniger anspruchsvollen Kleinzelten. Tatsächlich kann ein erstklassiges Zelt den zehnfachen Preis eines Zeltes gleicher Größe, aber einfacherer Ausführung und minderer Qualität kosten. Auch bei den Schlafsäcken ist es so, daß die Preise für erstklassige, daunengefütterte Schlafsäcke zehnmal so hoch sein können wie für äußerlich ähnliche, aber einfache Schlafsäcke. Es sei dahingestellt, ob der Gegenwert eines erstklassigen Schlafsackes oder Zelts wirklich das Zehnfache der Einfach-Ausführung beträgt, aber wenn es um Survival-Bedingungen geht, kann man sich keine falsche Sparsamkeit leisten, auch wenn der Gegenwert »nur« das Drei- oder

Vierfache beträgt. Man muß also in den sauren Apfel beißen – oder? Nun, sparen kann man auf andere Weise, nämlich nicht nur an Geld, sondern vor allem auch an Gewicht. Ein ordentlicher Schlafsack ist schon ein beträchtlicher Luxus in einer Survival-Situation, und das »Haus im Rucksack«, das Zelt, macht aus einer Survival-Situation schon einen Abenteuer-Urlaub mit einigem Komfort. So angenehm ein Zelt auch sein mag, es ist entbehrlich; ein Schlafsack ist bei niedrigen Temperaturen viel wichtiger, aber selbst er ist in einer wirklichen Survival-Situation nur selten vorhanden. Mit Hilfe des Feuers sind wir dennoch in der Lage, die Temperatur in unserer unmittelbaren Umgebung so weit anzuheben, daß wir selbst bei sehr niedrigen Umwelt-Temperaturen überleben können. Erleichtert wird das Überleben, wenn wir zwei Plastikplanen dabei haben, die sehr leicht sind und so wenig Platz in Anspruch nehmen, daß sie immer mitgeführt werden können. Die wichtigere der beiden wiegt weit weniger als 100 Gramm und ist so flach, daß sie – auf Postkartengröße zusammengefaltet – nur wenige Millimeter aufträgt. Dennoch ist sie rund eineinhalb mal zwei Meter groß, ziemlich reißfest und einseitig mit Aluminium bedampft, das 80 Prozent der Körperwärme reflektiert.

Doppelwandiges Leichtzelt – in einer echten Survival-Situation ein besonderer Luxus.

Diese Plane stammt angeblich aus der Raumfahrtforschung, ist überall erhältlich, wird als Rettungsdecke oder unter ähnlichen Bezeichnungen angeboten und kostet nur ein paar Mark. Natürlich ist sie absolut wasserdicht und läßt sich auf vielfältige Weise verwenden. Sie ist eine hervorragende, wärmeisolierende Unterlage, man kann sich darin einwickeln und die Körperwärme konservieren, man kann sie auch als Regenschutz verwenden oder als Reflektionsfläche für das Lagerfeuer. Außer dem Feuer und einem Messer gibt es kaum ein Hilfsmittel, das in einer kritischen Lage das Überleben auf ähnliche Weise erleichert! Man kann diese Decke auch als Wasser-Transportgefäß benutzen, indem man daraus einen Beutel formt und mit Wasser füllt, oder man kann diesen Beutel aufblasen, zubinden und bei der Überquerung von Gewässern als Schwimmkissen verwenden.

Die zweite Plastik-Plane ist an sich schon ein gewisser Luxus und damit entbehrlich, aber doch recht angenehm, leicht und wenig Platz beanspruchend. Sie soll vor allem dem Regenschutz dienen, und zwar sowohl beim Marschieren als auch beim Schlafen. An sich genügt dazu jede stärkere Plastikplane, die UV-stabilisiert ist und möglichst Ösen am Rand hat, durch die Schnüre gezogen werden können. Zweckmäßiger aber ist ein Poncho, der während des Marsches dank angearbeiteter Kapuze bestens vor Regen schützt und in der Nacht im Handumdrehen zu einem Schlafzelt umfunktioniert werden kann. Dazu spannt man nur eine Schnur, über die der Poncho gehängt wird, und beschwert dessen Ränder mit Erde oder Steinen. Eventuell kann man sogar eine Giebelseite schließen. In Verbindung mit der Rettungsdecke schläft man, solcherart geschützt, auch bei heftigem Regen gut. Bei Kälte wird mit Poncho und Rettungsdecke eine überdachte Schutzwand errichtet, die zum Feuer hin offen ist. Der Poncho hat eine Größe von rund 220 mal 165 Zentimetern, bessere Ausführungen sind nicht aus Plastik, sondern aus einem gummierten Stoff- oder Nylon-Gewebe. Er wiegt je nach Ausführung zwischen 500 und 1500 Gramm. Ein für Survival-Zwecke besonders geeigneter Poncho des Autors besteht aus gummibeschichtetem Nylon-Gewebe und wiegt 600 Gramm, wird also kaum als Belastung empfunden.

Der Vorteil eines gummibeschichteten Gewebes liegt in der größeren Reißfestigkeit und Unempfindlichkeit gegen mechanische Beschädigungen. Sowohl bei Plastik als auch bei gummiertem Gewebe aber ist es sehr einfach, mit dem entsprechenden Kleber und ein paar Flicken kleinere Reparaturen durchzuführen – wenn man Reparaturzeug bei sich hat!

3. Kommunikation und Orientierung

Eine echte Survival-Situation wird in den meisten Fällen damit beginnen, daß man sich verirrt, also die Orientierung verloren hat. Jetzt gilt es, möglichst schnell zu einer menschlichen Gemeinschaft zu finden. Je rascher das gelingt, um so geringer sind die Entbehrungen und Risiken, mit denen jede Survival-Situation nun einmal verbunden ist.

Irgendwann einmal wird man wohl von Freunden oder von der Familie vermißt werden, und falls diese wissen, wo ungefähr sie uns zu vermuten haben, können wir darauf hoffen, daß man uns sucht. Wir müssen also zunächst die erste Zeit überbrücken, bis wir vermißt worden sind und sich die Suchmannschaften auf den Weg gemacht haben. Anschließend müssen wir uns diesen Suchtrupps bemerkbar machen, mit ihnen, wie das so schön heißt, kommunizieren.

Die einfachste Form der Kommunikation erfolgt natürlich über ein Sprechfunk-Gerät. Wer mit einem Buschflugzeug abstürzt, wird keine Probleme haben, bald gerettet zu werden, sofern das Funkgerät noch funktioniert. Ebenso zweckmäßig ist ein Funkgerät, wenn man mit mehreren Personen ein Standlager in der Wildnis hat, von dem individuelle Ausflüge unternommen werden. Das ist beispielsweise bei einem Jagdlager die Regel; wenn jede Person bei ihren Ausflügen ein kompaktes, leichtes CB-Funkgerät mitführt, kann niemand sich verlaufen, ohne in kürzester Zeit von den anderen Teilnehmern der Gruppe gefunden zu werden.

CB-Funkgeräte sind in den meisten Ländern genehmigungsfrei, aber nicht immer stehen die gleichen Kanäle zur Verfügung. Die Reichweite bzw. die Sendestärke sind begrenzt, insbesondere wird die Reichweite durch Gelände-Hindernisse eingeschränkt. Für den genannten Zweck einer Kommunikation von Teilnehmern eines Jagdausfluges oder eines anderen Zwecken dienenden Standlagers untereinander sind sie jedoch gut geeignet.

Mit einem Funkgerät ist das Kommunikationsproblem für Verirrte gelöst, sobald sie Funkkontakt aufnehmen können. Mit zwei voneinander möglichst weit entfernten Kleinfunkgeräten kann man den Sender eines Verirrten recht genau einpeilen. Dieser sollte aber auch in der Lage sein, seinen Standort relativ zu markanten Punkten im Gelände anzugeben, so daß es leicht ist, ihn zu finden. Die Kommunikation über ein Funkgerät ist so einfach und leicht, daß es nicht erforderlich ist, weiter darauf einzugehen, weil eine Survival-Situation durch Verirren praktisch nicht entstehen kann. Ein defektes Funkgerät ist so gut wie kein Funkgerät, und auch, wenn sich innerhalb der Reichweite des eigenen Funkgerätes niemand meldet, kann man nur auf bessere Zeiten hoffen. Solche »besseren Zeiten« können durch Flugzeuge kommen. In den meisten Fällen wird eine Suche nach Vermißten aus der Luft aufgenommen, und ein Suchflugzeug kann dann in die Reichweite eines Kleinfunkgerätes gelangen. Hat man keines, muß man versuchen, sich anderweitig bemerkbar zu machen, auch dann, wenn es sich um ein zufällig vorbeifliegendes Buschflugzeug handelt, dessen Piloten man auf seine Notlage aufmerksam machen möchte. Das geschieht am einfachsten durch Rauchsignale.

Feuer ist von elementarer Wichtigkeit. Während der Feuerschein nachts auch bei hell lodernder Flamme nicht allzu weit zu sehen ist, kann eine Rauchsäule bei windstillem Wetter auf eine sehr große Entfernung bemerkt werden. Ein Verirrter wird ständig ein Feuer unterhalten, das ihn wärmt und an dem er seine Nahrung zubereitet. Tagsüber wird das Feuer mit frischem Holz oder gar mit allerlei Grünzeug genährt, so daß eine möglichst auffällige Rauchsäule entsteht. Eine solche Rauchsäule wird vor allem in jenen Ländern besondere Aufmerksamkeit erregen, in denen Waldbrandgefahr besteht oder Steppenfeuer droht. Im Norden des amerikanischen Kontinents gibt es Brandmelder, die bis zum Einbruch des Winters täglich mehrmals von hoher Warte nach Anzeichen eines Waldbrandes Ausschau halten. Andere Gebiete werden regelmäßig mit dem Flugzeug patrouilliert; ein Waldbrand muß möglichst rasch entdeckt und mit allen Mitteln bekämpft werden, weil sonst gewaltige Schäden entstehen. Wer also eine Rauchsäule gen Himmel schickt, darf auf einige Aufmerksamkeit hoffen.

Dumm ist es nur, wenn ein Suchflugzeug tatsächlich auf unser Rauchsignal hin kommt und der Pilot feststellt, daß das Feuer von Menschen angelegt wurde, ohne daß wir ihn auf unsere Notlage aufmerksam machen können. Er dreht dann befriedigt wieder ab und informiert vielleicht andere Piloten, daß mit unserer Rauchsäule alles in Ordnung sei und keine Gefahr eines Waldbrandes bestehe. Allerdings wird ein Feuer mit starker Rauchentwicklung jeden Buschpiloten zunächst einmal veranlassen, nach Notsignalen Ausschau zu halten. Ein eindeutiges Notsignal sind drei getrennte Rauchsäulen, aber um diese zu unterhalten, müssen sich schon mehrere Personen in einer Notlage befinden.

Mit Signalraketen ist es natürlich besonders leicht, einen Piloten auf unsere Notlage aufmerksam zu machen, und oft gehört eine solche Signalrakete auch zu einem Survival-Kit. Freilich kann man mit einer Rakete dem Piloten nicht mitteilen, welcher Art unsere Notlage ist und welche Hilfe wir von ihm erwarten.

Vor der Erfindung der Funkgeräte gab es eine hochentwickelte Kommunikationstechnik mittels Flaggensignalen, vor allem auf See. Es gab praktisch keine auch noch so komplizierte Botschaft, die man nicht durch Flaggensignale ausdrücken konnte – wenn man konnte! Die Beherrschung der zahlreichen, in Form und Farbe unterschiedlichen Flaggen war nämlich eine nicht ganz einfache Kunst.

Natürlich haben wir in einer Notsituation heute keine Signalflaggen bei uns, und selbst wenn wir gelernt hätten, mit ihnen umzugehen, können wir das noch lange nicht von unserem potentielle Retter erwarten. Es gibt aber Signale, die zumindest in der nordamerikanischen Wildnis jeder Buschpilot kennt und deren Bedeutung man sich zweckmäßigerweise einprägt, wenn die Möglichkeit besteht, dort in eine Survival-Situation zu kommen. Da man aber wahrscheinlich die Bedeutung der Signale doch vergessen hat, wenn es schließlich zu einer Notlage kommt, zeichnet man sie sich am besten auf einen Zettel und führt diesen immer bei sich im Survival-Kit mit.

Diese Signale kann man auf die unterschiedlichste Weise übermitteln. Im Winter trampelt man sie möglichst großflächig in den Schnee, oder man

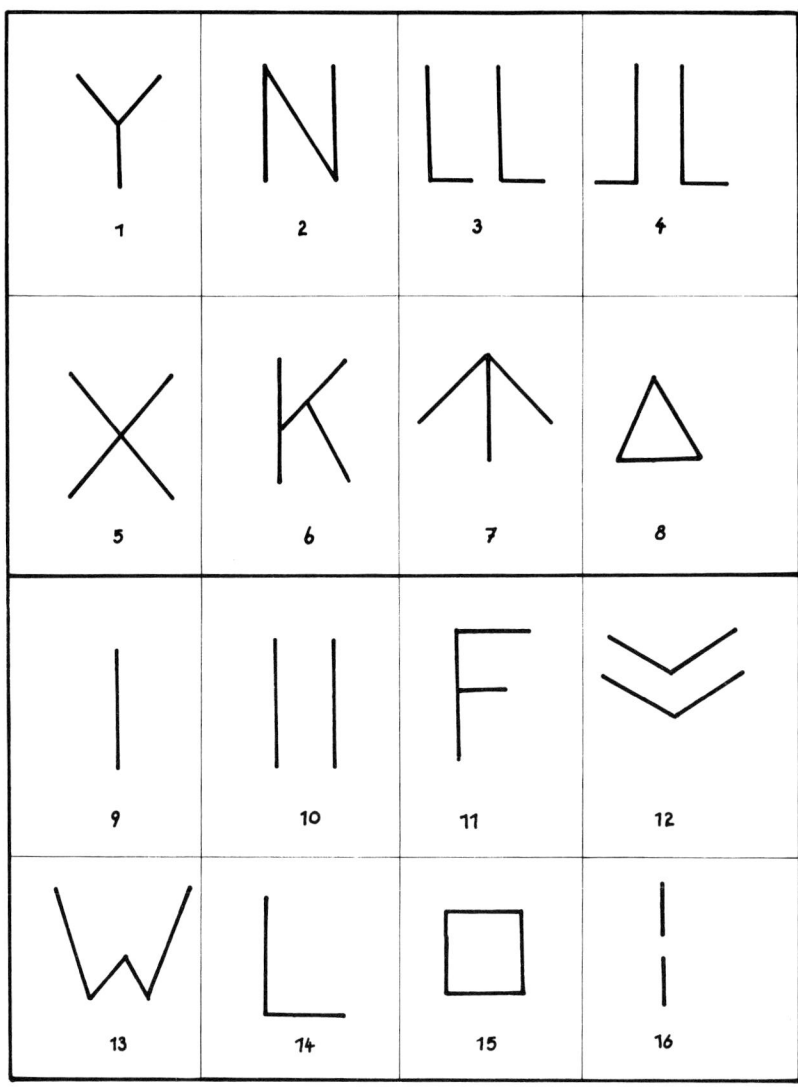

In der nordamerikanischen Wildnis übliche Signalzeichen. Sie bedeuten: 1. Ja, 2. Nein, 3. Alles O.K., 4. Nicht verstanden, 5. Komme aus eigener Kraft nicht weiter, 6. Bitte Richtung angeben, 7. Ich marschiere in dieser Richtung, 8. Landung ist hier möglich, 9. Benötige ärztliche Hilfe, 10. Benötige Medikamente, 11. Benötige Verpflegung, 12. Benötige Schußwaffe, 13. Benötige techn. Hilfe, 14. Benötige Treibstoff, 15. Benötige Kompaß und Karte, 16. Benötige Signallampe.

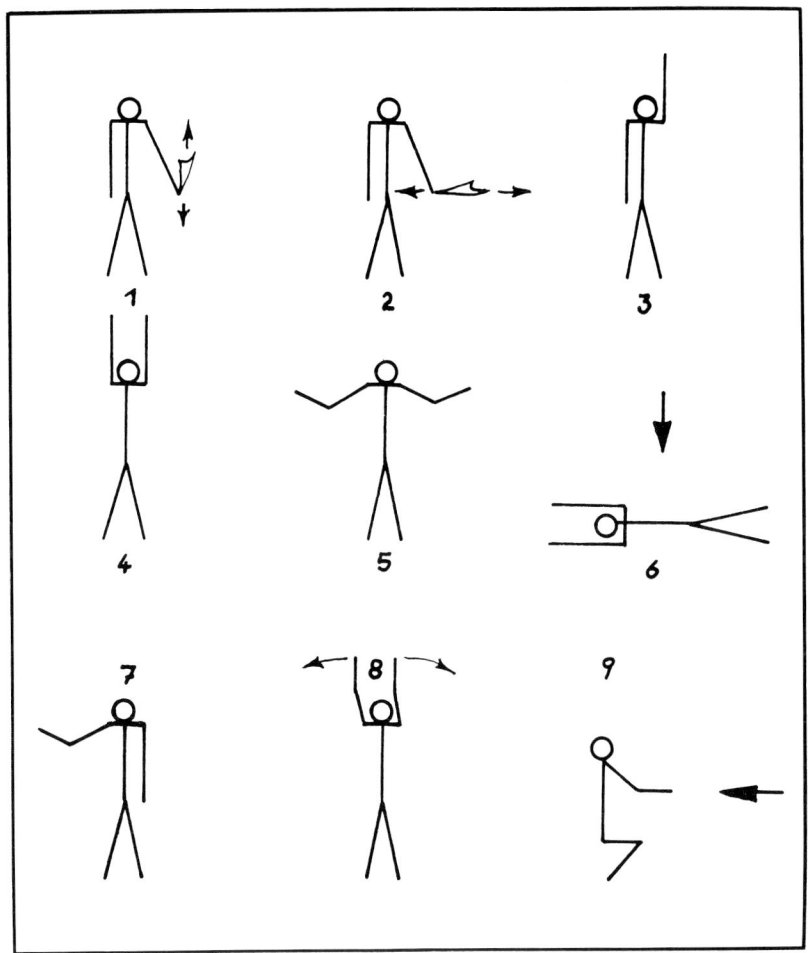

Körperzeichen und ihre Bedeutung: 1. Ja, 2. Nein, 3. Alles O.K., 4. Bitte holen Sie mich ab, 5. Benötige techn. Hilfe, 6. Benötige ärztliche Hilfe (von oben gesehen), 7. Ich kann bald allein weiter, 8. Nicht hier landen, 9. Hier landen (seitlich gesehen).

legt sie mit Kleidungsstücken aus. Man kann sie in den Boden graben oder mit Holz nachbilden. Immer sollte man auf einen möglichst deutlichen Kontrast zum Untergrund achten.

Taubstumme können sich durch eine Zeichensprache verständlich machen, und mit einer stark vereinfachten Zeichensprache, zu der wir den gesamten Körper einsetzen, kann man sich gleichfalls verständigen, falls der Pilot uns schräg von oben sieht. Mit diesen Körpersignalen kann man auch Nachrichten jenseits der Hörweite übermitteln, etwa über eine trennende Schlucht hinweg, oder über einen reißenden, lauten Fluß. Es gilt das gleiche wie für die auszulegenden Notsignale: da man sie wahrscheinlich doch vergessen hat, wenn man sie benötigt, zeichnet man sie schematisch mit ihrer Bedeutung auf und führt den Zettel stets bei sich (auch das Morsealphabet gehört auf dieses Blatt, wie wir gleich sehen werden).

Am einfachsten wäre es, wenn der Pilot, der uns in unserer Notlage schließlich gefunden hat, landet und uns an Bord nimmt. Das freilich wird längst nicht überall möglich sein; auch wenn ein Buschflugzeug keine lange Landebahn benötigt und die Piloten oft wahre Künstler sind, kann ein Hubschrauber nicht ersetzt werden, und der wird nur selten verfügbar sein. In der Wildnis landen die Kleinflugzeuge am besten auf einem See, wenn sie mit Schwimmkörpern ausgerüstet sind. Wir werden uns allerdings möglichst auf einer Anhöhe aufhalten, weil von dort die Rauchsäule unseres Signalfeuers auf größere Entfernung zu sehen ist. Jedenfalls müssen wir uns rechtzeitig darüber klar werden, welche Art der Hilfe wir benötigen und wie sie uns übermittelt werden kann. Falls es schwierig ist, Hilfe zu leisten, sollten wir uns vor Übertreibungen hüten. Wer sich verirrt hat und nur wissen muß, wo sich das Standlager befindet, wird den Piloten lediglich darum bitten, ihm die Richtung anzugeben. Das Abwerfen von Gegenständen gleich welcher Art ist immer umständlich, weil dazu in der Regel teure Fallschirme passender Größe benötigt werden. Gelegentlich ist es möglich, wasserdicht verpackte Hilfsmittel zusammen mit einem Schwimmkörper aus geringer Höhe in einen See abzuwerfen. Wenn ein Flugzeug nicht landen kann, wir aber signalisieren, daß wir ärztliche Hilfe benötigen, muß der vom Piloten herbeigeholte Arzt mit dem Fallschirm abspringen und mit uns zusammen dann so lange warten, bis uns ein Rettungstrupp befreit. Es läßt sich denken, wie erfreut Arzt und Rettungsmannschaft reagieren, wenn sich herausstellt, daß dem Patienten lediglich ein Durchfall plagt und die groß angelegte Rettungsaktion überhaupt nicht nötig gewesen wäre! Selbst die schlimmsten Zahnschmerzen müssen unter solch widrigen Umständen ohne ärztliche Hilfe überstanden werden, nur echte Lebensgefahr rechtfertigt den Fallschirmabsprung eines Arztes.

Die Kosten einer Rettungsaktion hat natürlich der Gerettete zu tragen. Wenn es wirklich um das liebe Leben geht, wird man auch gern dazu bereit sein, selbst wenn die Kosten gewaltig sein können. Immerhin wird man vielleicht etwas sorgfältiger abwägen, welche Art der Hilfe man beansprucht. Es gibt auch durch Spenden finanzierte Freiwilligen-Rettungsorganisationen, und wenn man Glück hat, werden die Kosten nicht berechnet. Sicherlich aber trifft das nicht zu, wenn man sich leichtsinnig in Gefahr begeben hat oder unnötig um Hilfe bittet.

Wenn der Pilot unsere Bitte um Hilfe verstanden hat, wackelt er mit den Tragflächen, indem er sein Flugzeug rasche Bewegungen um seine Längsachse ausführen läßt. Kurze Zick-Zack-Kurven hingegen, also Bewegungen um die Hochachse, bedeuten das Gegenteil, also eine Verneinung, ein »nicht verstanden«. Wellenbewegungen um die Querachse schließlich bedeuten schlicht »ja«.

Eine hervorragende Kommunikation ist möglich, wenn beide Partner das Morsealphabet beherrschen und ein technisches Mittel besitzen, ihre Signale auszutauschen. Auch eine einseitige Übermittlung mag in vielen Fällen genügen. Nur vermittels eines Feuers zu morsen, ist bei Tag und Nacht gleichermaßen schwierig, müssen doch Feuerschein wie Rauchsäule präzise unterbrochen werden und sollten während der Signaldauer keinen Veränderungen anderer Art unterliegen. Leichter morst man mit einer Lampe oder einem Spiegel.

Eine Lampe, zweckmäßigerweise eine kompakte Taschenlampe, ist in einer Survival-Situation natürlich eine sehr wertvolle Hilfe. Wie oft man sie in der Wildnis gebrauchen kann, merkt man dann am meisten, wenn man keine hat. Einen Nachteil nur hat sie: die sehr begrenzte Lebensdauer ihrer Batterien. Je heller der Lichtschein, um so rascher sind die Batterien erschöpft; allzu viele Batterien kann man nicht im Lampengehäuse unterbringen, weil es dann zu unhandlich würde. Überdies entladen sich Batterien mit der Zeit auch dann, wenn sie nicht benutzt worden sind. Für Survival-Zwecke sind herkömmliche Batterie-Taschenlampen also wenig geeignet.

Seit einiger Zeit gibt es Solar-Taschenlampen, bei denen eine eingebaute Solarzelle dafür sorgen soll, daß unsere Batterien von der Sonne wieder aufgeladen werden. Das wäre für unsere Zwecke ja eine feine Sache, wenn sie wirklich funktioniert. Leider scheint das nicht der Fall zu sein. Die Hersteller der ersten Solar-Taschenlampe versprechen ohnehin nicht sehr viel: eine Brenndauer bei voller Batterie von 50 Minuten, aber 36 Stunden Sonnenlicht, um die entladene Batterie wieder voll zu laden. Selbst diese bescheidenen Versprechungen sind aber nach Feststellungen der Stiftung Warentest noch übertrieben. Die nämlich ermittelte, daß es in der Praxis viel länger dauert, um eine Solar-Taschenlampe aufzuladen. Bei den 36 Stunden der Werksangabe sind optimale Verhältnisse zugrundegelegt: die beste Jahreszeit zwischen Mai und Juli und Mittagssonne. Außerdem müssen die Solarzellen immer senkrecht zur Sonnenstrahlung stehen, wenn diese voll wirksam sein soll; man müßte die Lampe also ständig zur Sonne hin ausrichten.

Unter solchen Umständen ist eine Solar-Taschenlampe natürlich keine Lösung des Beleuchtungsproblems in einer Survival-Situation. Dafür aber verspricht ein Leuchtstab konsequente Hilfe.

Ein 13 Zentimeter langer Stab aus klarem Plastikmaterial enthält zwei Glasampullen mit Flüssigkeiten. Biegt man den Stab, brechen die Glasampullen, so daß ihre Flüssigkeit auslaufen und sich vermischen können. Durch Schütteln wird dieser Mischprozeß beschleunigt. Die Flüssigkeiten verströmen nun für mehrere Stunden ein grünliches Licht, und zwar unter allen Umständen, auch unter Wasser. Da der Leuchtstab nur 25 Gramm wiegt und nur ein paar Mark kostet, würde es sich anbieten, einige Stäbe ständig mitzuführen, um bei passender Gelegenheit ihr Licht zu Signal- oder anderen Zwecken verwenden zu können. Der Schein läßt sich freilich nicht unterbrechen wie bei einer Taschenlampe, man muß also eine einmal angebrochene Leuchte aufbrauchen.

Der Leuchtstab verbreitet nur ein sehr dürftiges, gedämpftes Licht, das überdies ständig schwächer wird. Eine Taschenlampe ist eindeutig heller, sogar eine Kerze. Leider werden oft Herstellerangaben unkritisch übernommen; selbst in dem im allgemeinen recht ehrlichen Globetrott-Katalog von Tesch (siehe Anhang) wird behauptet, das Licht sei bei

**Dynamo-Taschenlampe.
Die Betätigung des Hebels
erzeugt den zum Leuchten
benötigten Strom.**

guten Verhältnissen 3 000 Meter aus der Luft und 1 500 Meter auf dem Boden sichtbar. Tatsächlich haben Versuche der bereits zitierten Stiftung Warentest bei guten Sichtverhältnissen und ebenem Gelände eine Sichtweite von etwa 200 Metern ergeben. Auch mit dem Leuchtstab ist also in einer Survival-Situation nicht viel Staat zu machen – leider!

Nach den Versuchen und Feststellungen des Verfassers gibt es nur eine Möglichkeit, eine leichte, kompakte Lampe ohne rasch erschöpfte Batterien mitzuführen und damit bei Bedarf Licht zu haben: die gute, alte Dynamo-Taschenlampe. Ihre Leuchtweite ist begrenzt, aber ausreichend, viele defektanfällige Teile gibt es auch nicht, und so bleibt das Birnchen als wesentlicher Verschleißartikel, für den Ersatz mitzuführen ist. Das Geräusch mag störend sein, und es ist schwierig, einen in der Intensität gleichmäßigen Schein zu erzeugen, wie er gerade für Signalzwecke wünschenswert ist, aber die Unabhängigkeit von Batterien wiegt schwer. Um Blinksignale zu geben, kann man nicht einfach die Lampe an- oder ausschalten, weil die Lampe ja nur leuchtet, wenn der Dynamo betätigt wird. Man muß sie ständig am Leuchten halten und für die Signale abdecken, ein zugegebenermaßen umständliches Verfahren. Vielleicht werden die Solar-Taschenlampen doch noch so weit verbessert, daß sie eines Tages auch für Survival-Zwecke geeignet sind.

Bleibt der Signalspiegel. Es handelt sich dabei im Prinzip um einen ganz normalen Spiegel, mit dessen Hilfe wir die Sonnenstrahlen – so vorhanden – reflektieren. Für harte Beanspruchung sollte er natürlich nicht aus Glas sein, sondern aus poliertem Metall, und seine Besonderheit ist ein kleines Loch in der Mitte.

Der Trick bei der Nachrichtenübermittlung mit einem Spiegel beruht darauf, den Spiegel so zu richten, daß die reflektierenden Sonnenstrahlen den Kommunikationspartner treffen. Auf diese Weise ist eine Verständigung tatsächlich über eine sehr weite Entfernung möglich. Das »An« und »Aus« erfolgt bei dem Signalisieren recht einfach dadurch, daß man den Spiegel abkippt. Wie kann man feststellen, daß die reflektierenden Strahlen genau auf den Kommunikationspartner ausgerichtet sind? Nun, dazu gibt es das Loch in der Spiegelmitte. Außerdem muß der Spiegel doppelseitig sein.

Man hält den Spiegel etwa zehn Zentimeter vor das Auge und visiert das Ziel an, ein Flugzeug, den Suchtrupp oder was auch immer. Durch das Loch fällt ein Sonnenstrahl auf unser Gesicht, was wir auf der uns zugewandten Seite des Doppelspiegels sehr gut sehen können. Während wir nun ständig unser Ziel durch das Loch im Auge behalten, drehen wir

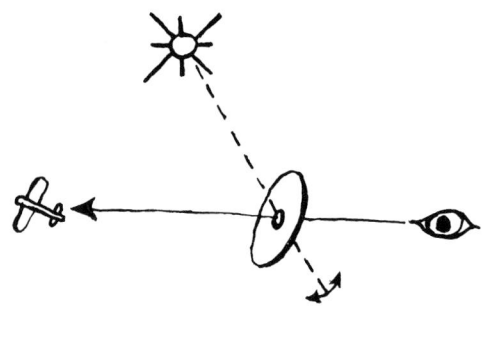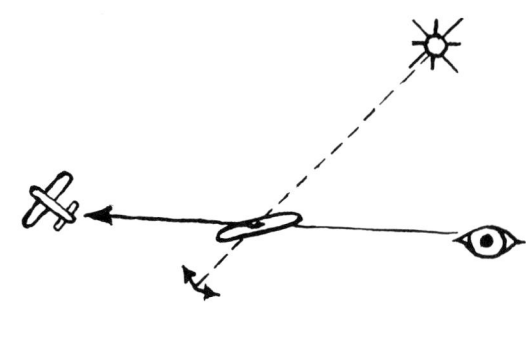

Signalisieren mit dem Spiegel. Die Symbole für das Flugzeug, den Spiegel mit dem kleinen Loch in der Mitte, das Auge und die Sonne sind hoffentlich erkennbar und geeignet, den im Text beschriebenen Blickvorgang zu verdeutlichen.

den Spiegel so, daß der auf unseren Gesicht liegende Sonnenstrahl wieder durch das Loch verschwindet. Jetzt stimmt die Richtung!

Ist der Winkel zwischen der Sonne und unserem Ziel zu groß, müssen wir uns einer etwas modifizierten Methode bedienen. Der Spiegel wird in die hohle Hand genommen und verhältnismäßig schräg gehalten, der Horizontalen angenähert. Noch immer muß man durch das Loch das Ziel anvisieren, aber der Lichtpunkt fällt nun auf die Innenfläche der Hand. Wenn er wieder durch das Loch verschwindet, haben wir das Ziel »getroffen«!

Hat unser Spiegel kein Loch zum Anpeilen, müssen wir ein ungenaues Verfahren anwenden. Hierbei halten wir den Spiegel neben das Gesicht, decken mit der anderen Hand am ausgestreckten Arm, weit vom Kopf entfernt, das Ziel ab, und versuchen nun, diese Hand mit dem vom Spiegel reflektierten Sonnenlicht zu treffen. Ist das durch Versuche gelungen, können wir die Hand wegziehen und werden in deren Verlängerung das Ziel einigermaßen genau anblinken.

Ein Signalspiegel ist natürlich nur bei Sonnenschein zur Kommunikation geeignet. Er lenkt die Aufmerksamkeit über große Entfernungen hin auf sich, wenn auch kaum so weit wie eine kräftige schwarze Rauchsäule. Dafür kann man mit ihm – zumindest theoretisch – präzise morsen. Theoretisch deswegen, weil es selbst dann, wenn beide Partner wirklich das Morse-Alphabet beherrschen, ohne Einbau-Gestell schwierig ist, in rascher Folge immer wieder den Spiegel genau so zu richten, daß der Reflex auf den Partner fällt. Noch viel schwieriger wird das, wenn es sich bei dem Kommunikationspartner um einen Piloten in einem sich rasch bewegenden Flugzeug handelt.

Akustische Signale sind von sehr begrenzter Reichweite. In erster Linie wird es sich in der Wildnis um Gewehrschüsse handeln; natürliche Geländehindernisse sorgen meistens dafür, daß sie nur unter besonders günstigen Umständen mehrere Kilometer weit zu hören sind. Ein Schuß wird in der Wildnis noch nicht auf eine Notsituation hindeuten, die Zahl »Drei« aber gilt als Schlüssel in Notsituationen, abgeleitet von dem S O S (dreimal kurz, dreimal lang, dreimal kurz). Drei Schüsse in gleichbleibendem Abstand sollten genügen, um auf eine Notsituation aufmerksam zu machen.

Am besten ist es natürlich, wenn man sich überhaupt nicht erst verirrt! Manche Tiere haben einen erstaunlichen Orientierungssinn, den wir uns nicht erklären können. Denken wir nur an die Brieftauben, die über hunderte von Kilometern hinweg aus völlig fremder Gegend mit tödlicher Sicherheit wieder zum heimischen Schlag zurückfinden. Von manchen Menschen wird behauptet, auch sie hätten einen guten Orientierungssinn, seien also in der Lage, quer durch weglose Wildnis schnurgerade zu ihrem Ziel zu finden. Es mag zutreffen, daß dies einigen naturverbundenen Waldläufern gelingt, indem sie sich – bewußt oder unbewußt – natürlicher Orientierungshilfen bedienen, wie der Sonne, Pflanzen, geologischer Formationen usw. Ganz gewiß aber hat kein Mensch einen echten Orientierungssinn, der ihn befähigt, auch ohne die Auswertung solcher Hinweise geradeaus zu marschieren. In der amerikanischen Literatur wird von Versuchen unter wissenschaftlicher Kontrolle berichtet, bei der Menschen mit angeblich überdurchschnittlichem Orientierungssinn mit verbundenen Augen über mehrere Kilometer hinweg geradewegs auf ein Ziel zumarschieren sollten. Das Gelände war eben, es war windstill und die Sonne war hinter Wolken versteckt. Die Versuchspersonen hatten das Ziel fest im Auge, als ihnen die Binde umgelegt wurde, aber dennoch befanden sie sich alle nach kürzester Zeit auf einem Kreisbogen, der sie irgendwann einmal in die Nähe ihres Ausgangspunktes führte, niemals aber dem Ziel nahebrachte. Meistens führte der Kreisbogen nach rechts, aber nicht immer.

In natürlichem Gelände gibt es immer wieder Hindernisse, die uns zu kleineren oder auch größeren Umwegen zwingen und das Einhalten einer geraden Richtung erschweren. Auch der Rückweg zum Lager ist eigentlich nur im Winter leicht zu finden, wenn Schnee liegt. Ein guter Waldläufer kann vielleicht sogar bei trockenem Wetter seine eigene Fährte zurückverfolgen, aber das ist auf festem Untergrund garnicht so einfach, wie Karl May uns glauben macht.

Grundsätzlich sollte man in der Wildnis seinen Weg markieren, um auf diese Weise mit Sicherheit den Rückweg finden zu können. Im Wald ist das durch Markierung der Bäume einfach, allerdings ist dann rund um das Lager nach einiger Zeit eine verwirrende Vielzahl von Bäumen markiert. Wie man sich behilft, hängt von den Umständen ab, wichtig ist lediglich, daß die Markierung nicht verschwindet. Edgar Wallace berichtet in einem seiner Afrika-Bücher von kleinen Affen, die zur Markierung an den Bäumen befestigte Stoffstückchen klauten!

Markierungen sind optische Merkmale; wer sich nicht rechtzeitig auf den Rückweg macht und von der Dämmerung überrascht wird, sollte lieber eine ungemütliche Nacht in der Wildnis verbringen und den Heimweg am nächsten Morgen fortsetzen, als sich verirren, weil er die Markierungen nicht mehr erkennen konnte. Das gleiche gilt natürlich auch bei aufziehendem Nebel.

Laien versprechen sich wahre Wunderdinge von einem Kompaß. Wer sich verirrt hat, muß mit dessen Hilfe, so glauben sie, unfehlbar zurück zu den Fleischtöpfen der Zivilisation finden. Das mag wohl im Prinzip zutreffen, aber auch der Umgang mit einem Kompaß will gelernt sein. Ein Kompaß verrät uns zum Beispiel nicht, wo wir sind, wenn wir feststellen, daß wir uns verirrt haben. Er zeigt uns nur, in welcher Richtung Norden liegt. Das aber hilft zunächst wenig. Wer unter regelmäßiger Kompaß-Kontrolle vom Lager aus eine bestimmte Richtung eingehalten hat, kann natürlich auch ohne Markierungen mit dem Kompaß den Rückweg finden, obwohl dabei in natürlichem Gelände von Genauigkeit keine Rede sein kann.

Nehmen wir einmal an. Sie hätten sich verirrt und müßten nun den Weg quer durch die Wildnis zur Zivilisation finden. Zunächst einmal versuchen Sie, Ihren Standort so genau wie möglich zu bestimmen, also etwa aus der Erinnerung: »Kanada, British Columbia, Omineca Mountains, östlich der Wasserscheide, nordwestlich des kleinen Ortes Germansen Landing, etwa 200 Kilometer von diesem entfernt.« Ist der Standort auf diese Weise ausreichend genau zu bestimmen, und stehen Karte und Kompaß zur Verfügung, wird der Weg zurück zu einem Spaziergang, zumindest, was die Orientierung anbelangt. Selbst wenn die Karte fehlt und man den Verlauf der Berge und Flüsse sowie die Lage der Ortschaften einigermaßen im Gedächtnis hat, kommt man mit Hilfe des Kompasses zurück in bewohnte Gegenden.

Ein normaler »Billig-Kompaß«, wie er auch Bestandteil der meisten Survival-Kits ist, zeigt uns lediglich einigermaßen genau die Himmelsrichtungen an, sonst nichts. Einigermaßen deswegen, weil der geografische nicht genau mit dem magnetischen Nordpol übereinstimmt. Diese Abweichung bezeichnet man als Deklination. In Mitteleuropa ist sie so gering, daß man sie vernachlässigen kann, aber bei dem vorgenannten Beispiel wäre das nicht ratsam: an der amerikanischen Ostküste beträgt die Westabweichung etwa 15 Grad, an der Westküste gibt es sogar eine Ostabweichung von mehr als 20 Grad! Es gehört zu den Selbstverständlichkeiten, sich über die Deklination der Gegend, in der man sich den Gefahren einer Survival-Situation aussetzt, zu informieren.

Die Nadel in einem Billig-Kompaß zittert wie der sprichwörtliche Lämmerschwanz, es dauert Ewigkeiten, bevor sie sich soweit beruhigt hat, daß man zu klaren Ablesungen kommt. Eine Feststellvorrichtung hilft wenig, weil sie erst dann die Nadel in präziser Nordausrichtung fixieren kann, wenn diese sich ausgependelt hat. Ein besserer Kompaß ist deswegen mit Flüssigkeit gefüllt, die die erratischen Ausschläge der Kompaßnadel dämpft. Natürlich wird der Kompaß durch die Flüssigkeit und die erforderliche Abdichtung wesentlich schwerer.

Wohlan: Sie haben mit Kompaßhilfe und unter Berücksichtigung der Deklination die Himmelsrichtungen bestimmt und sich für eine Marschrichtung entschieden. Wie aber folgen Sie nun dieser Richtung? Normalerweise bleibt Ihnen gar keine andere Möglichkeit, als sich genau in Ihrer Marschrichtung und möglichst weit entfernt einen markanten Punkt im Gelände zu suchen, auf diesen hin zu marschieren und dort die Prozedur zu wiederholen. Dennoch bleibt das Verfahren ungenau, weil es schwer ist, wirklich genau über die Kompaßnadel hinweg einen Punkt anzupeilen. Außerdem ist die Sichtweite in der Wildnis meistens äußerst gering, so daß es kaum möglich ist, die Marschrichtung genau einzuhalten. Noch schlimmer: was ist zu tun, wenn Geländehindernisse zu einem Umweg zwingen?

Was wir brauchen, ist kein Kompaß, sondern ein Marschkompaß, was beileibe nicht gleichzusetzen ist. Bei einem Marschkompaß sitzt die eigentliche Kompaßdose drehbar in einem Gehäuse; er hat eine Visiereinrichtung und einen Zeiger am Gehäuse zum Ablesen des Richtungswinkels. Schließlich ermöglicht es ein Spiegel, gleichzeitig die Magnetnadel zu beobachten und über das Visier zu blicken. Oft ist eine Libelle

Links ein Marschkompaß, rechts ein einfacher Billigkompaß. Deutlich sind die beiden Visiermarken zu erkennen, über die wie über Kimme und Korn am Gewehr das Ziel anvisiert wird, während auf dem im Deckel eingelassenen Spiegel die Kompaßnadel zu beobachten ist. Die Nadel ist flüssigkeitsgedämpft.

vorhanden, damit der Kompaß waagrecht gehalten werden kann, meist auch eine parallel zur Visierlauflinie laufende Anlegekante. Die Nordspitze der Magnetnadel sowie die wichtigen Punkte der Skala sollten mit einer Leuchtmasse versehen sein, damit man den Kompaß auch bei Nacht ablesen kann.

Mit diesem Kompaß läßt sich auch auf einem Marsch gut die Richtung einhalten. Stößt man auf ein Hindernis, das eine Umgehung verlangt, weichen wir ihm am besten im rechten Winkel zu unserer Marschrichtung aus und zählen dabei unsere Schritte. Sobald wir weit genug in der neuen Richtung marschiert sind, um das Hindernis umgehen zu können, setzen wir den Marsch in der ursprünglichen Marschrichtung fort. Nachdem wir am Hindernis vorbei sind, müssen wir im rechten Winkel die gleiche Anzahl von Schritten zurückmarschieren, in der wir zuvor dem Hindernis ausgewichen sind. Falls das alles kompliziert klingt: die Zeichnung zeigt, daß alles recht einfach ist. Warum aber soll man ein Hindernis in rechten Winkeln umgehen und nicht in einem beliebigen anderen Winkel? Weil dabei die Zahl der Schritte und damit die Fehlerquelle größer wird.

Wieder einmal muß gesagt werden, daß ein ordentlicher Marschkompaß weitaus teurer ist als die üblichen primitiven Blechdosen für ein paar Pfennige. Wegen der unvermeidbaren Abweichungen bei einem Wildnismarsch ist jedoch ein Super-Kompaß entbehrlich. Einen hervorragen-

42

den Marschkompaß für sehr wenig Geld kann man in einschlägigen Geschäften aus Armee-Überschüssen erwerben.

Fehlt der Kompaß, muß man sich ohne ihn behelfen; soweit es die Feststellung der Himmelsrichtungen angeht, ist das auch kein Problem. Zu nichts anderem aber ist ein Billig-Kompaß zu gebrauchen (übrigens: alle Kompaßnadeln werden natürlich durch eiserne Gegenstände in ihrer Nähe beeinflußt, Vorsicht also vor Fehlanzeigen).

Schön ist es, wenn man eine Uhr dabei hat, was in der Wildnis ja keineswegs selbstverständlich ist, und zwar eine gute, alte Analoguhr mit Zeigern, keine Digitaluhr. Damit ist jederzeit eine mehr oder weniger genaue Bestimmung der Himmelrichtungen möglich, solange man die Sonne sehen kann. Man richtet den (kleinen) Stundenzeiger auf die Sonne; die Winkelhalbierende zwischen diesem Zeiger und der Ziffer 12 weist nach Süden. Vormittags ist der Winkel im Uhrzeigersinn zu halbieren, wenn man von der Ziffer 12 ausgeht, nachmittags umgekehrt. Leider ist auf diese Weise nur eine grobe Richtungsbestimmung möglich, weil es einfach zu viele Fehlerquellen gibt. Wenig Einfluß hat noch die Tatsache, daß der Sonnenbogen über dem Horizont im Jahresverlauf ungleichmäßig ist und nur während der Tag- und Nachtgleiche im Frühjahr und im Herbst die Sonne exakt im Osten aufgeht und im Westen untergeht. Hingegen ist die Abweichung der für breite geografische Bereiche vereinheitlichten Zeit von der echten Ortszeit von erheblicher Bedeutung, insbesondere dann, wenn willkürlich durch die »Sommerzeit« eine Zeitverschiebung erfolgt ist. Schließlich ist es nicht ganz einfach, den Stundenzeiger präzise nach der Sonne auszurichten und die

Die Zeichnung illustriert, wie man ein Geländehindernis umgeht und den Weg in der ursprünglichen Richtung fortsetzt.

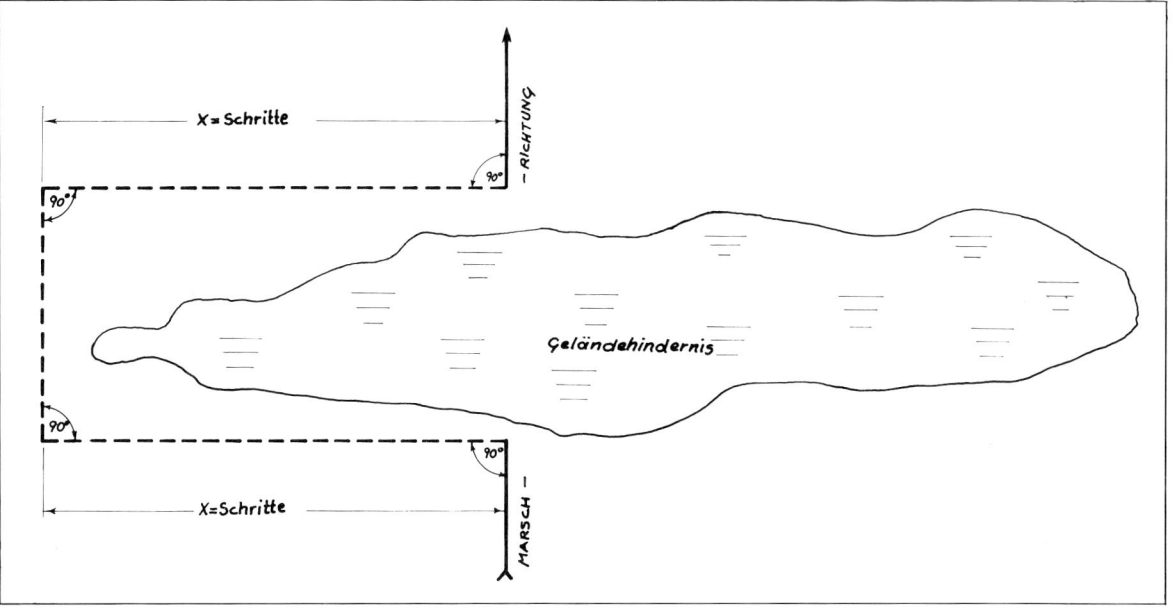

Winkelhalbierende zu bestimmen. Dennoch gibt es keine bessere Methode, ohne Kompaß ähnlich schnell und genau die Richtung zu bestimmen.

Hat man auch keine Uhr, wird die ganze Sache etwas umständlicher. Sicherlich wissen Sie, wo die Sonne auf- bzw. untergeht, andernfalls merken Sie sich vielleicht den netten Spruch

> Im Osten geht die Sonne auf
> im Süden ist ihr Mittagslauf
> im Westen will sie untergehn
> im Norden ist sie nie zu sehn.

Am präzisesten kann die Feststellung der Himmelsrichtungen zur Mittagszeit erfolgen. Man schlägt einen Pfahl senkrecht in den Boden. Außer am Äquator steht die Sonne nie senkrecht, erreicht aber exakt zur Mittagszeit ihren höchsten Stand und befindet sich dann genau im Süden. Wann aber ist ganz genau Mittag? Nun, wenn unser Pfahl den kürzesten Schatten wirft, was durch ständige Kontrolle festgestellt werden muß. Da die Sonne im Süden steht, zeigt der Schatten, wenn er am kürzesten ist, natürlich nach Norden.

Nachts helfen die Sterne, aber wenn man kein Amateur-Astronom ist, sollte man sich nur auf den Polarstern verlassen, der exakt im Norden steht und verhältnismäßig leicht gefunden werden kann. Er liegt in der Verlängerung der Vorderseite des wohl bekanntesten Sternbildes, des Großen Wagens oder des Großen Bären, in deren fünffacher Verlängerung nach oben.

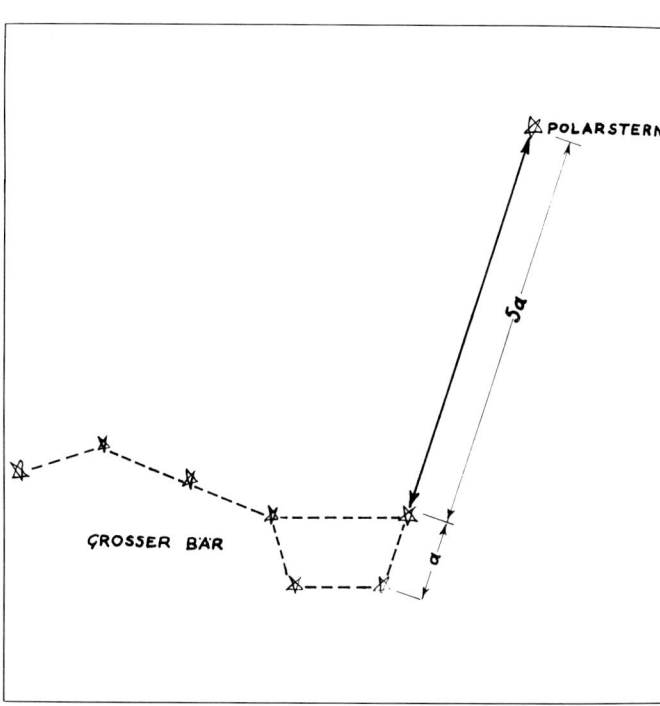

Wer den Großen Bär oder den Großen Wagen kennt, kann unschwer von dort den exakt im Norden stehenden Polarstern finden.

44

Für den Seefahrer mögen die Sterne eine ebenso wichtige Orientierungshilfe sein wie die Sonne, aber für uns Landratten sind sie verhältnismäßig unwichtig. Man wandert nicht nächtlicherweise in der Wildnis herum, während ein Schiff auf hoher See auch bei Dunkelheit seine Fahrt fortsetzt. Allenfalls bei Vollmond kann man auch in der Wildnis marschieren, und gerade der Vollmond ist auch ein freundlicher und zuverlässiger Führer. Er steht nämlich der Sonne genau gegenüber, also um Mitternacht, wenn die Sonne sich unsichtbar im Norden befindet, im Süden; mit Hilfe der Armbanduhr können wir in ähnlicher Weise jederzeit die Richtung bestimmen wie bei der Sonne. Das klappt aber, wie gesagt, nur bei Vollmond.

Noch viele andere Hinweise gibt es in der Natur, aus denen die Himmelsrichtung abgelesen werden kann. Sie alle aber haben den Nachteil, daß sie ebenso ungenau wie unzuverlässig sind und deshalb ihr praktischer Wert relativ gering ist. Alleinstehende Bäume wenden sich von der Haupt-Windrichtung ab und haben auf dieser Seite stärkere, längere Äste sowie dichteres Laub. An Baumstümpfen kann man erkennen, daß die Jahresringe auf der Windseite dichter zusammen liegen. Im Winter bilden sich Schneezungen im Windschatten der Bäume. Wo aber liegt die Haupt-Windrichtung? Bei uns meistens im Nordwesten, obwohl natürliche Hindernisse wie Hügel oder windbrechender Bewuchs andere Verhältnisse schaffen können. Erst wenn mehrere Hinweise übereinstimmen, darf man ihnen Glauben schenken, aber auch dann bleibt die Bestimmung der Himmelsrichtungen ungenau. Immerhin verhindern es diese Hinweise, daß man im Kreise läuft, denn eine grobe Einhaltung der Marschrichtung lassen sie zu.

In wirklich menschenferner, unberührter Wildnis ist es selbst mit Kompaßhilfe nicht einfach, eine gerade Richtung einzuhalten. Zahlreiche größere und kleinere natürliche Hindernisse stellen sich uns entgegen und müssen umgangen werden. Kein Weg führt gerade zum Ziel, es wäre höchst unzweckmäßig, wenn wir durch dichtestes Gebüsch kriechen oder gefährliche Klippen überklettern, nur um unsere Marschrichtung genau einzuhalten. Erfahrene kanadische Waldläufer, die es eigentlich wissen müßten, empfehlen deshalb Verirrten eine weitaus bessere Methode, um über größere Entfernungen hinweg wieder zur Zivilisation zurückzufinden, falls sie nicht damit rechnen können, gesucht zu werden. Sie gehen zunächst von der Annahme aus, daß der Wanderer in der Wildnis aus Gründen, die bereits erwähnt wurden, auf jeden Fall erst einmal Wasser benötigt. Hat er ein fließendes Gewässer gefunden, ist in dessen Nähe auch die Möglichkeit der Nahrungsbeschaffung in aller Regel gut. Er kann Wild erlegen, das dort seine Tränke hat, sich aus der in Wassernähe besonders üppigen Vegetation eßbare Pflanzen heraussuchen, vor allem aber kann er sich verhältnismäßig einfach Fische beschaffen.

Der verirrte Waldläufer folgt dem Lauf des von ihm gefundenen Gewässers, sofern es nicht in nördliche Richtung fließt, kümmert sich aber ansonsten um keine Himmelsrichtung. Irgendwann mündet der Bach in einen größeren Bach, dieser in einen Fluß; auch Seen haben in aller Regel einen Abfluß. Folgt man der Strömung, kommt man mit einer an Sicherheit grenzenden Wahrscheinlichkeit irgendwann einmal an eine menschliche Ansiedlung, denn diese befinden sich meistens an Gewässern. Tatsächlich kommt es ja auch nicht unbedingt darauf an, eine bestimmte menschliche Ansiedlung zu erreichen, sondern überhaupt erst einmal zur Zivilisation zurückzufinden.

Wer nun allerdings glaubt, entlang fließender Gewässer in der Wildnis ungehinderter marschieren zu können, wird bald eines besseren belehrt. Im Gegenteil ist das Vorankommen an Fluß- oder Seeufern sogar ganz besonders schwierig; Schlick und Schlamm, Wasserpflanzen, Treibholz und die besonders dichte Vegetation erweisen sich als hemmende Hindernisse. Es wird aber zunächst möglich sein, im Bach zu waten, und später, wenn er tiefer geworden ist oder wir mittlerweile einem Fluß folgen, können wir ihn mit einem Floß befahren!

Eleganter und schneller als ein Floß wäre natürlich ein Kanu, und die Indianer haben es in alter Zeit verstanden, nur aus Birkenrinde, Zweigen, Harz und Fichtenwurzeln wunderbare, leichte Kanus herzustellen. Das ist aber eine schwierige Kunst, die überdies viel Zeit erfordert.

Ein Floß – lang und schmal, damit es sich in der Strömung nicht dreht – ist rasch und verhältnismäßig einfach herzustellen und ermöglicht nicht nur müheloses Vorankommen, sondern auch den Transport größerer Lasten. Haben wir ein größeres Wild erlegt, müssen wir uns nicht mit ein paar Fleischbrocken begnügen und den Rest auf unserer Wanderung für die Wölfe zurücklassen, sondern können es auf unserem Floß befördern. Einen ganz großen Nachteil aber hat ein Floß: es ist, wenn es groß genug sein soll, um uns zu tragen, viel zu schwer, als daß wir das Floß tragen können! Das kommt auf natürlichen, unregulierten Gewässern aber laufend vor: bei Stromschnellen, Felsbrocken und ähnlichen Hindernissen nämlich. Indianer und Trapper umgingen solche Etappen auf Tragstrecken, sogenannten »Portages«, über die sie das Boot samt

Ladung oft kilometerweit trugen. Mit einem Floß bleibt nur die Möglichkeit, zu landen, die Stromschnelle zu umgehen und sich dahinter ein neues Floß zu bauen.

Wie findet man am schnellsten zu einem Gewässer? Erst ein Vergleich mit unberührter, waldreicher Wildnis zeigt uns, wie sehr wir Menschen unsere natürliche Umwelt verändert haben. Durch Drainage, Flußbegradigungen und Kanalisation wird das Wasser so rasch wie möglich dem Meer zugeführt und der Grundwasserspiegel gesenkt. In einem natürlichen Wald ist Wasser ungleich häufiger als in unserer Zivilisationslandschaft. Grundsätzlich findet sich Wasser an den tieferen Stellen im Gelände. Die meisten Tiere halten auf ihrem Weg zu Tränke den gleichen Wechsel ein, der mit der Zeit immer breiter ausgetreten wird. Auf solchen Wechseln kommt man gut voran und stößt irgendwann einmal auf das Gewässer – wenn man in der richtigen Richtung geht! Fällt das Gelände, ist es naheliegend, in welcher Richtung wir dem Wechsel folgen müssen, sofern das Gewässer nicht gerade hinter dem letzten Hügel liegt, Den untrüglichsten Hinweis geben Wildfährten, die von der Seite kommend in den Wechsel einmünden. Münden sie spitz von hinten kommend in den Wechsel, stimmt die Richtung, während wir uns von der Tränke entfernen, wenn die Fährten spitz von vorn auf den Wechsel treffen.

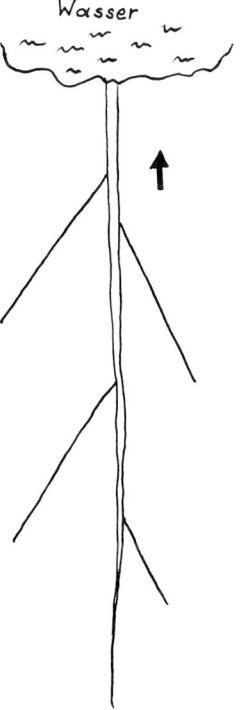

Wildwechsel, von oben gesehen. Zum Wasser hin wird er immer breiter, seitlich kommen weitere Fährten im spitzen Winkel von hinten dazu.

Orientierungsprobleme gibt es also nicht, wenn ein Verirrter sich an diese Ratschläge hält. Gelingt es ihm, für sein leibliches Wohl zu sorgen, für die beiden elementaren Notwendigkeiten »Ernährung« und »Schutz«, wird er überleben und irgendwann auch wieder auf Menschen treffen. Eine bestimmte Richtung einzuhalten ist nur dann sinnvoll, wenn man ein nicht zu fernes Ziel erreichten will und sicher sein kann, es auch zu erreichen. Grundsätzlich aber sollten Verirrte erst dann versuchen, durch einen Wildnismarsch wieder zur Zivilisation zurückzufinden, wenn sie nicht damit rechnen können, daß sie in absehbarer Zeit gesucht werden.

4. Survival-Kits*

Nur in sehr wenigen Gegenden unserer Erde ist das Klima so angenehm und das natürliche Angebot an Nahrung so reichlich, daß der Mensch überleben könnte, ohne sich irgendwelcher Hilfsmittel zu bedienen; die Notwendigkeiten »Schutz« und »Ernährung« fallen ihm etwa auf einem Südsee-Atoll mehr oder weniger in den Schoß, während er sie sich ansonsten in aller Regel erst erarbeiten muß. In gemäßigten oder nördlichen Breiten stehen eßbare Pflanzen nicht das ganze Jahr zur Verfügung, es muß also zusätzlich tierische Nahrung erbeutet werden. Durch Kleidung und eine Behausung müssen wir uns vor Witterungs-Unbill schützen. Der Mensch ist auch ohne moderne Technologie erstaunlich anpassungsfähig, wie die Eskimos beweisen, deren arktische Heimat denkbar schlechte Voraussetzungen für ein Überleben bietet.

Um uns Schutz und Ernährung zu beschaffen, benötigen wir Hilfsmittel; auch die Hilfsmittel lassen sich in den meisten Fällen improvisieren, aber dazu gehört Geschick, Wissen, Zeit und Glück. Ein Feuerstein-Splitter mag ganz gut geeignet sein, um damit Wild aufzubrechen und zu zerwirken oder als Pfeilspitze zu dienen, aber mit einem Messer schnei-

---

* Kit = engl. »Ausrüstung, Ausstattung«

det es sich besser, Feuerstein ist nicht überall vorhanden, und er muß erst durch gekonnte Bearbeitung in die geeignete Form gebracht werden. Unser Wanderer in der Wildnis findet alles, was er zum Leben braucht, im Lager. Wird er dann unverhofft von seinen Vorräten abgeschnitten, befindet er sich in der typischen Survival-Situation, in der ihm nur die Hilfsmittel zur Verfügung stehen, die er bei sich hat. Es wurden deshalb zahlreiche Survival-Kits entwickelt, die immer dann am Körper mitgeführt werden sollen, wenn die Möglichkeit besteht, in eine Survival-Situation zu kommen.

Natürlich spielen bei einem Survival-Kit das Gewicht und das Volumen eine große Rolle. Niemand wird auf den blanken Verdacht hin, vielleicht einmal in eine Survival-Situation kommen zu können, bei jeder Gelegenheit einen gewichtigen Packen mit herumzuschleppen. Sinnvoll ist ein Survival-Set aber nur dann, wenn man es auch ständig mitführt. Ist die Gefahr einer Survival-Situation hingegen größer, wird man eher bereit sein, mehr Gewicht am Körper mitzuführen.

Die Anforderung an ein Survival-Kit ist also klar: es soll möglichst kompakt und leicht sein, so daß es nicht zur Belastung wird, wenn man es ständig mitführt, aber es muß auch alle jene Dinge enthalten, die für ein Überleben in einer Survival-Situation besonders wichtig sind. Die Wahrscheinlichkeit, tatsächlich in eine Survival-Situation zu kommen, wird dabei Auswirkungen haben. Ist die Gefahr sehr gering, mögen ein Messer und ein zuverlässiges Sturmfeuerzeug in der Hosentasche genügen. Andererseits wird man gern bereit sein, wesentlich mehr Gewicht in Form von Survival-Zubehör mitzunehmen, wenn die Gefahr groß ist. Wer bei einer Foto-Safari, einem Jagdausflug, einer Wanderung zu Fuß, zu Pferd oder im Kanu, zum Angeln oder aus irgendwelchen anderen Gründen durch menschenferne Wildnis streift, wird zumindest ein »Gürtel-Kit« ständig dabei haben; ständig heißt aber auch wirklich ständig: er wird angelegt, wenn man sich ankleidet, und nur während des Schlafens abgelegt.

Da ohnehin jeder, der sich draußen in der freien Natur aufhält, ein Messer mitführt, wird üblicherweise ein Gürtel-Kit um ein solches Messer herum aufgebaut. Das typische Survival-Messer, wie es seit einiger Zeit auch in Deutschland angeboten wird, soll ein Universal-Instrument sein, mit dem man schneiden, stechen, hacken, graben und sägen kann. Das bedingt eine Klingenlänge von mindestens 15 Zentimeter und ein Gewicht von wesentlich mehr als einem halben Pfund. Zum Standard-Merkmal praktisch aller Survival-Messer ist ein mit einem

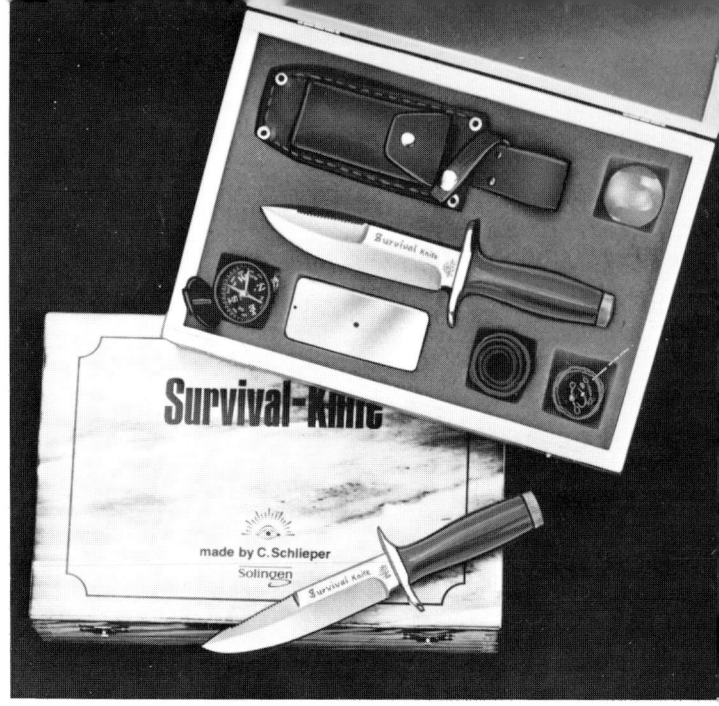

Ein Survival-Messer mit verschraubbarem Hohlgriff und Survival-Zubehör: Blinkspiegel, Kompaß, Brennglas, Angelzeug, Schnur.

Schraubverschluß versehener Hohlgriff geworden, in dem wasserdicht Tabletten, Streichhölzer usw. untergebracht werden können. Die Parierstange ist wie bei Bowie-Messern meist beidseitig, nach oben und nach unten, augebildet. Steckt man einen Stock in den Hohlgriff und bindet ihn mit Schnüren an der Parierstange fest, erhält man einen Speer bzw. eine Lanze. Auf einem Teil des Klingenrückens ist überdies meistens eine Sägezahnung angearbeitet. Zu dem in einer Vortasche der Messerscheide oder im Hohlgriff untergebrachten Zubehör gehören Sturmstreichhölzer, Tabletten für bestimmte Notlagen, Angelhaken samt Schnüren, Kompaß, Signalspiegel und Brennglas.

Gewiß sind Sie jetzt beeindruckt von diesem zweckmäßigen Gerät. Das war auch ein bekannter und durchaus qualifizierter Fachmann für Faustfeuerwaffen, der im renommierten Deutschen Waffen Journal (DWJ) ein solches Survival-Messer beurteilte und sich dabei auf gefährliches Glatteis begab. Er behauptete u.a.:

· die Schneide ist rasierscharf
· die Schneide ist wartungslos scharf und zum Holzhacken gut geeignet, auch zum Durchhacken größerer Hartholzäste
· mit der Sägeschneide kann man armdicke Hartholzäste durchsägen
· die Form der Schneidenspitze erlaubt das Abhäuten beinahe mit der gleichen Leichtigkeit wie ein spezielles Häutemesser

50

Natürlich durfte auch die Behauptung nicht fehlen, man könnte das Survival-Messer durch einen in den Hohlgriff geschobenen Stock zu einem Speer umfunktionieren. Vielleicht wäre es ratsam, wirklich einmal eine Probe auf das Exempel zu machen: ein 14 Millimeter dicker Stock (Innendurchmesser des Hohlgriffs) ist selbst bei einer Länge von zwei Metern zu leicht für das schwere Messer, der Speer dadurch so kopflastig, daß er zum Werfen ungeeignet ist. Ganz abgesehen davon wirft man nicht das in einer Survival-Situation unersetzliche Messer in der Gegend herum, riskiert, daß es beschädigt wird oder glücklich getroffenes Wild damit enteilt. Als Lanze, also als Stoßwaffe, ist eine solche Konstruktion völlig ungeeignet. Selbst wenn seine Spitze über dem Feuer gehärtet sein sollte, knickt ein 14 Millimeter dicker Stock im Ernstfall wie ein Grashalm, wie man gern glauben wird, wenn man sich einmal den massiven Schaft einer Saufeder betrachtet.

Das Messer ist für das Aufbrechen, Zerwirken und Abhäuten von Wild zu klobig und unhandlich und einem ordentlichen Jagdmesser eindeutig unterlegen. Überdies stört die auch nach oben ausgebildete Parierstange bei Schneidarbeiten, für die ein Messer ja in erster Linie benötigt wird, weil der Daumen nur schlecht den Druck auf den Messerrücken verstärken kann.

Der Sägerücken, angeblich zum »Durchsägen armdicker Hartholzäste« geeignet, hat allenfalls eine dekorative Funktion. Eine Säge muß, um in Holz eindringen zu können, ihre breiteste Stelle an der Zahnung haben, sonst klemmt sie nach wenigen Millimetern. Normale Sägeblätter sind deshalb »geschränkt«, d.h. die Zähne werden wechselweise nach außen gestellt. Manche Jagdmesser haben eine Knochensäge, deren Zähne versetzt angeordnet sind und deren Klinge sich nach oben verjüngt, damit sie nicht klemmt; das ist dann allerdings mehr eine Raspel als eine Säge. Bei unserem Survival-Messer aber verjüngt sich die Klinge von der Mitte zur auf dem Rücken angebrachten Sägezahnung hin, was zwangsläufig dazu führen muß, daß – und das ist wirklich keine Übertreibung – nicht einmal bleistiftdicke Äste durchsägt werden können!

Nun ja, dann werden sie eben durchgehackt. Das klappt auch tatsächlich, wenn man sich genügend Zeit dazu nimmt. Allerdings wird die »wartungslos scharfe« Klinge rasch so stumpf, daß sie auch zu einfachsten Schneidarbeiten nicht mehr benutzt werden kann. Im Handel sind praktisch keine Messer erhältlich, die wirklich »von Haus aus« so scharf sind, wie sie für anspruchsvolle Schneidarbeiten eigentlich sein sollten, nämlich »rasierscharf«. Wohl kann man jedes ordentliche Messer so scharf abziehen, daß man sich damit mühelos die Haare vom Arm schaben (»rasieren«) kann, aber Schärfe ist ein Momentanzustand, der nur sehr kurze Zeit erhalten bleibt, wenn man das Messer dazu verfremdet, Hartholz zu hacken. Je schärfer die Schneide, um so häufiger muß sie nach Gebrauch abgezogen werden, damit die Schärfe erhalten bleibt. Ein wartungslos scharfes Messer gibt es nicht. Seltsamerweise fehlt bei fast allen Survival-Kits ein kleiner Abziehstein, um die Klinge nach Gebrauch wieder zu schärfen. Nach dem Feuer ist das Messer das wichtigste Hilfsmittel in einer Survival-Situation, in erster Linie wegen seiner Eignung als Schneidwerkzeug. Geeignete Steine, um das Messer darauf zu schärfen, sind in der freien Natur kaum zu finden.

Ein Hohlgriff ist an sich keine dumme Idee. Wohl kann ein Griff dadurch nicht handgerecht ausgeformt werden, aber das ist kein Nachteil, denn unterschiedlich große Hände sowie die Notwendigkeit des häufigen Umgreifens bei der Arbeit mit dem Messer machen die »handgerecht« ausgeformten Griffe ohnehin fragwürdig. Man darf allerdings von dem kleinen Hohlraum nicht zu viel erwarten: 14 Millimeter Durchmesser und 4,5 Zentimeter Länge plus einem winzigen Hohlraum im Schraubgewinde sind nicht sehr viel. Mehr ist nicht möglich, weil der untere Teil des Messergriffes der soliden Verankerung der Klinge dient. Das Messer ist als Schneidwerkzeug in einer Survival-Situation derart wichtig, daß es möglichst keinen anderen Zwecken dienen sollte. Vielzweck-Geräte sind ohnehin stets mit einer gewissen Vorsicht zu beurteilen, denn meistens sind sie für bestimmte Aufgaben schlechter geeignet als Spezial-Geräte. Andererseits sei nicht verkannt, daß in einer Survival-Situation insbesondere ein Hackwerkzeug von großem Nutzen ist. Was tun?

In Kanada und Nordamerika gibt es Miniatur-Trapperbeile, die kaum mehr wiegen als ein schweres Survival-Messer und in einer Tasche am Gürtel mitgeführt werden können. Abgesehen von leichten Lagerarbeiten dienen sie vor allem dem Zerwirken von Großwild. Die Leistung eines Beiles oder einer Axt wird von dem Gewicht und der Länge des Stiels entscheidend beeinflußt, und hier kann unser Mini-Beil natürlich nicht mithalten. Wohl sind Mini-Beile aus bestem Stahl und deshalb deutlich teurer als ausgewachsene Äxte, aber sie müssen mit anderen Maßstäben gemessen werden. Dennoch ist es mit ihnen tatsächlich möglich, nicht nur »armdicke Hartholzäste« durchzuhacken, sondern mit Geduld und Weile fällt man sogar damit einen schenkeldicken Baum. Allerdings darf man nicht auf ein Billig-Beil hereinfallen.

Ein Messer kann dieses Mini-Beil nicht ersetzen, aber Beil und Jagdmesser zusammen wiegen etwa ein knappes Pfund mehr als ein Survival-Messer, und dieses Mehrgewicht trägt in einer Survival-Situation reiche Zinsen. Es zeigt sich aber auch, daß Kompromisse unvermeidbar sind und stets abgewogen werden muß, abgewogen zwischen dem höheren Gewicht als Nachteil und dem Vorteil, besser für eine Notsituation gerüstet zu sein.

Ein Survival-Kit besteht nicht nur aus dem Messer und/oder dem Mini-Beil. Wichtiger noch ist die Möglichkeit, jederzeit über Feuer verfügen zu können. Traditionell entzündet man dieses Feuer mit den regelmäßig in der Literatur erwähnten »Sturmstreichhölzern«. Diese haben unter dem Zündkopf eine graue Schicht wie die bekannten Wunderkerzen und können deshalb selbst bei stärkstem Sturm entzündet werden. Übrigens kosten sie auch gleich das 25-fache von normalen Streichhölzern. Wasserfest sind sie nicht, auch benötigen sie eine Reibfläche wie ein ganz

Drei Mini-Gürtelbeile, dahinter zum Größenvergleich ein normales, leichtes Handbeil. Die beiden vorderen Beile werden noch einmal auf den nächsten Seiten gezeigt, das dritte Beil ist nach Ideen des Autors angefertigt worden und hat einen Hohlgriff mit Schraubverschluß, polierte Flanken und ein Loch in der Mitte, so daß es als Signalspiegel dienen kann.

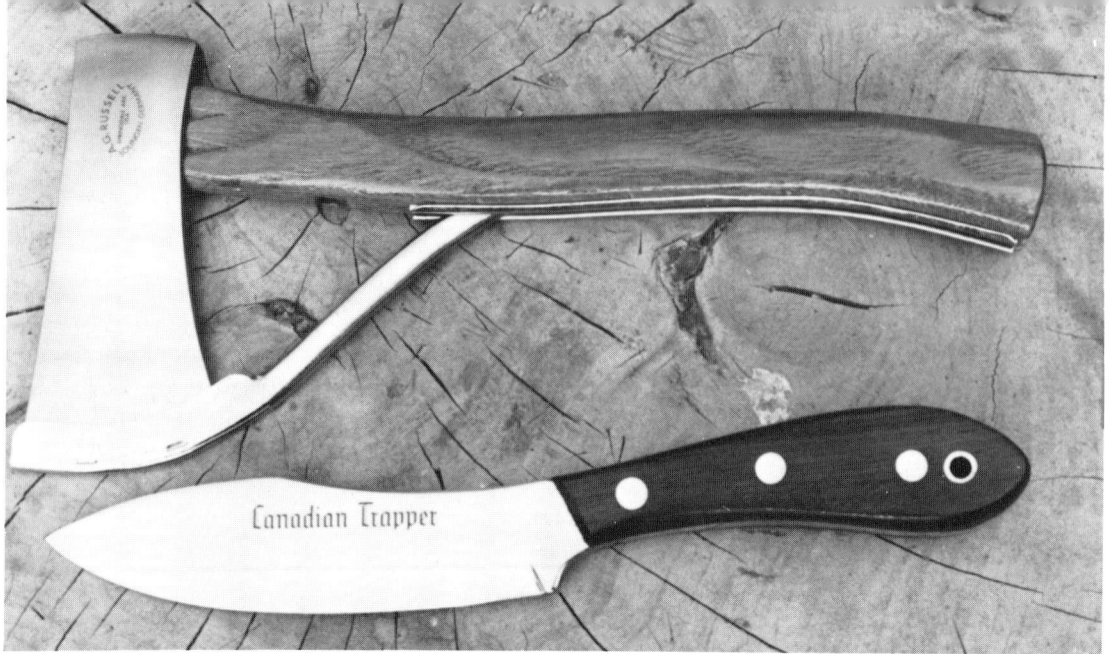

Oben ein amerikanisches Trapperbeil, unten zum Größenvergleich ein Messer. Das Beil hat einen ausklappbaren, federbelasteten Bügel, der die Schneide schützt und in den Stiel geklappt werden kann; für rauhen Survival-Gebrauch ist dieses Beil weniger geeignet.

Ungeeignetes Spielzeug. Das Beil in dieser Kombination soll gleichzeitig als Hammer, Schraubendreher und Nagelzieher dienen.

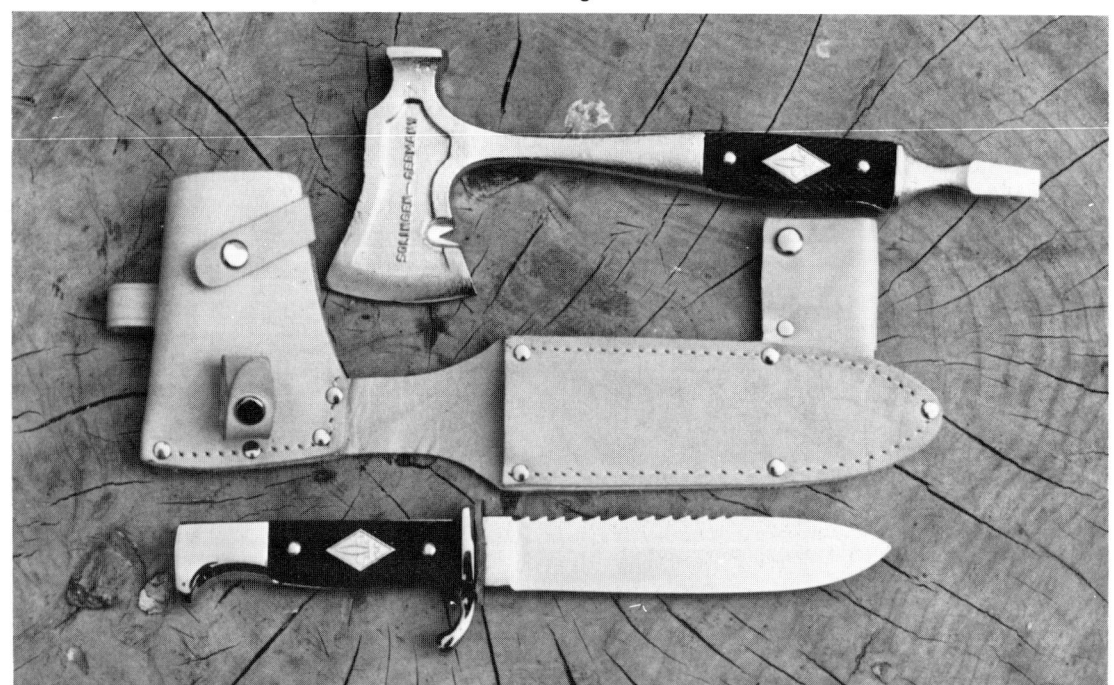

Oben: Dieses Buck-Beil ist der beste bisher dem Autor bekannt gewordene Kompromiß eines leichten, stabilen Minibeils aus erstklassigem Stahl und mit einer voll befriedigenden Gürteltasche.

Links: Noch einmal das Buck-Beil im Größenvergleich.

Ein für Survival-Zwecke gut geeignetes Messer: Puma White Hunter; die Klinge ist 15 cm lang, hat einen weit vorn liegenden Schwerpunkt und eine geschwungene Schneide mit nicht zu empfindlicher Spitze. Der Absatz am Handschutz vor der Daumenauflage sollte abgefeilt werden.

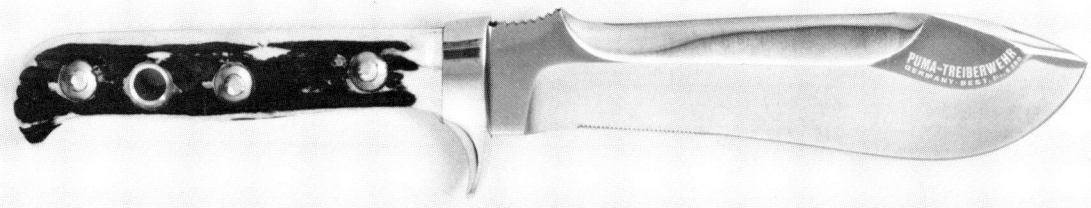

normales Streichholz. Da sie groß und dick sind, nehmen sie verhältnismäßig viel Platz weg. Da gefallen dem Verfasser schon die bekannten italienischen Wachszündhölzer besser, die winzig klein sind und überall an einer rauhen Fläche entzündet werden können, freilich bei heftigem Wind etwas mehr Geschicklichkeit verlangen.

Feuerzeuge sind unter Survival-Experten verpönt, und zwar nicht etwa, wie vielfach angenommen wird, weil ihre Mechanik zu anfällig wäre. Reibrädchen und Feuerstein sind so primitiv und robust, daß sie schon als zuverlässig gelten dürfen, zumal Ersatzfeuersteine mitgeführt werden können. Es war vielmehr so, daß das Benzin, mit dem früher der Wattebausch im Feuerzeug getränkt wurde, verhältnismäßig rasch verbraucht war und überdies verdunstete, wenn das Feuerzeug für eine Notsituation aufgehoben und sonst nicht benutzt wurde. Mit Gasfeuerzeugen hat sich die Situation geändert. Eine Gasfüllung hält länger und kann nicht verdunsten, sodaß ein billiges Einweg-Gasfeuerzeug wesentlich häufiger zündet als Sturmstreichhölzer, die das gleiche Volumen einnehmen.

Natürlich ist auch die Zündfähigkeit eines Gasfeuerzeuges begrenzt. Sobald das Gas aufgebraucht ist, kann man allenfalls versuchen, die von Reibrädchen und Feuerstein erzeugten Funken auf Zunder fallen zu lassen und auf diese Weise ein Feuer zu entzünden. Das Gasfeuerzeug ist aber vor allem als Reserve für Notfälle gedacht. Üblicherweise wird man versuchen, mit Hilfe eines Brennglases Feuer zu entzünden; ein Brennglas ist zumindest dann ein wichtiger Bestandteil eines Survival-Kits, wenn man mit der Möglichkeit rechnen muß, längere Zeit in der Wildnis zu verbringen.

Zu wohl jedem Survival-Kit gehört ein Kompaß, und zwar meistens einer von der billigen Sorte, kein Marschkompaß. Im letzten Kapitel sind wir bereits auf die Vor- und Nachteile eines solchen billigen Gerätes eingegangen. Wer höhere Ansprüche stellt, wird einen größeren und schwereren Marschkompaß wählen müssen.

Medikamente – eine heikle Sache. Will man sich für alle Eventualitäten rüsten, reicht ein Rucksack nicht. Welche Medikamtente denn nun mitgenommen werden sollen, hängt von der Gegend und der individuellen Disposition ab. Man bedenke aber, daß eine einmal genommene Tablette nicht mehr ersetzbar ist und nur in ganz seltenen Fällen Medikamente wirklich lebenswichtig sind. Ein Gespräch mit einem Arzt sollte klären, welche Medikamente, die auf kleinstem Raum untergebracht werden können, im jeweiligen Fall neben einer Mullbinde und etwas Jod zweckmäßig sind – wenn überhaupt! Wir werden auf eine Mini-Apotheke noch zurückkommen; bei einem am Gürtel zu tragenden Survival-Kit ist nur Platz für das Allernotwendigste, also allenfalls noch für einige Tabletten.

Die einfachste Möglichkeit, sich hochwertige Nahrung zu verschaffen, ist in wasserreicher Wildnis das Angeln. Wohl gibt es Möglichkeiten, Fische ohne Haken zu fangen, aber die einfachste Möglichkeit ist nun einmal der Angelhaken an einer geeigneten Schnur. Glücklicherweise nimmt ein Angelhaken nur sehr wenig Platz in Anspruch, sodaß einige Haken und die entsprechende Schnur zu einem Survival-Kit gehören, gelegentlich auch »vor Ort« zu beschaffende und damit entbehrliche Dinge wie Gewichte, Köder und Schwimmer. Die Schnur sollte auf jeden Fall stark genug auch für größere Fische sein, Fachleute empfehlen einen Durchmesser ab 0,5 Millimeter. Wir müssen uns von dem sportlichen Ehrgeiz der Angler freimachen, schwere Fische mit einer Schnur von möglichst geringer Reißfähigkeit durch geschickten Umgang mit Rute und Rolle zu landen. Erstens haben wir keine Rolle und auch keine ähnlich geeignete Rute, und zweitens können wir uns auf gar keinen Fall leisten, daß der Fisch mit dem Haken und einem Teil der Angelschnur entschwindet. Beide sind in der Wildnis nicht zu ersetzen. Eine Schnur hoher Reißfestigkeit und brutale Kraft müssen den gekonnten Umgang mit Rolle und Rute der Sportangler ersetzen. Überdies sollte die Schnur bei Bedarf auch mancherlei anderen Zwecken dienen, etwa um Schlingen für Kleinwild zu stellen oder um Stämme für ein Floß zusammenzubinden.

Unentbehrlich, aber leider selten als Bestandteil eines Survival-Kit zu finden ist ein kleiner Wetzstein, um das Messer und eventuell auch das Mini-Beil scharf zu halten. Er sollte nicht zu feinkörnig sein und auf ein Alublech aufgeklebt werden, damit er nicht bricht. Allerdings kann er dann nur noch einseitig benutzt werden. Für begrenzte Zeit hilft auch eine in jeder Drogerie erhältliche diamantbeschichtete Nagelfeile.

Gewiß erinnern Sie sich noch an die alubedampfte Plastik-Rettungsdecke. Sie ist bis zur Größe einer Zigarre zusammenzurollen und wiegt ganze 60 Gramm, ist aber in einer Survival-Situation von so vielfältigem Nutzen, daß wir keinesfalls auf sie verzichten sollten, selbst nicht in unserem Gürtel-Kit, in dem wir nur die allerwichtigsten Hilfsmittel für den Notfall unterbringen. Kaum weniger wichtig ist Näh- und Flickzeug. Im Extremfall genügen ein oder zwei dicke Nadeln und ein starker Faden. Schönheit ist weniger wichtig als Haltbarkeit; notfalls sollte auch Leder genäht werden können. Dazu benutzt man zweckmäßigerweise zwei Nadeln. Die beiden zu verbindenden Lederstücke werden zusammengelegt und vorgelocht – mit einem Angelhaken etwa. Der reichlich bemessene Faden wird zur Hälfte durch das erste Loch gezogen, an jedes Ende kommt eine Nadel, dann werden beide Nadeln gegenläufig durch jedes der Löcher geführt. Wer besonders sorgfältig ist, macht nach jedem Loch einen Knoten, sonst kann es passieren, daß sich die gesamte Naht öffnet, sobald der Faden an einer Stelle reißt. Wer ein übriges tun will, kann eine winzige Tube geeigneten Klebers mitnehmen, um Löcher in der Rettungsdecke zu flicken. Dazu schneidet man ein Stückchen vom Rand ab und verklebt das Loch von der nicht beschichteten Seite.

Noch weniger Platz und Gewicht als die Rettungsdecke beansprucht ein Gesichtsschleier, falls es Fliegen, Moskitos oder ähnliche Plagegeister gibt. Das liest sich vielleicht lächerlich, aber es ist für uns Mitteleuropäer unvorstellbar, wie groß die von solchen Insekten ausgehende akute Gefahr ist. Statt eines Gesichtsschleiers kann man sich auch durch Einreib-Mittel schützen, aber da man keinen unbegrenzten Vorrat davon mitführen wird, muß man sich von den üblichen Hygiene-Vorstellungen befreien, wenn man ein solches Einreibmittel gegenüber einem Gesichtsschleiers bevorzugt. In einem recht genau hundert Jahre alten Buch hat ein amerikanischer Waldläufer sein Patentrezept für ein solches Einreibmittel verraten: eine Unze (28,35 Gramm) Thymian -Öl, zwei Unzen Rizinus-Öl und drei Unzen Holzteer werden über einem

Ein Moskito-Gesichtsnetz kann äußerst wichtig sein.

Der Inhalt einer Gürteltasche: ganz hinten die zusammengerollte Rettungsdecke, davor starkes Nähgarn, Angelzeug (drei Haken), Mullbinde (mit hineingeschobenen Nähnadeln), Knöpfe, Sicherheitsnadeln, Brennglas, Schleifstein, Feuerzeug und Marschkompaß.

Feuer zu einer zähen Paste verkocht. Mit nicht mehr als zwei Unzen dieser Mixtur konnte sich unser Waldläufer eine ganze Saison vor der Geißel der Wälder schützen, allerdings erwähnt er auch ausdrücklich, daß in dieser Zeit sein Körper nie mit Wasser oder gar Seife gewaschen wurde! Wenn die Hände am rußigen Lagerfeuer oder bei dem Aufbrechen von Wild verschmutzt worden waren, benetzte unser Freund vorsichtig einen Zipfel seines Taschentuches, reinigte die verschmutzte Stelle und erneuerte anschließend sofort wieder seine Schutzschicht. Heute gibt es Einreibmittel, die zumindest ebenso gut vor Insekten schützen wie das Einreibmittel des alten Waldläufers, aber unverändert gilt das Prinzip, daß man sich nach jedem Waschen neu einreiben muß. Selbst die zwei Unzen, die dem Waldläufer bei äußerster Sparsamkeit genügten, nehmen mehr Platz in Anspruch und wiegen auch mehr als der Gesichtsschleier. Dafür allerdings muß man sich auch nicht mit dem oftmals störenden Gesichtsschleier herumärgern und kann, wenn man auch die Hände einreibt, auf Handschuhe verzichten. Irgendein Schutzmittel aber benötigt man, wenn die besagten stechenden Insekten auftreten.

Damit wären alle Dinge aufgezählt, die man in der Wildnis stets und ständig bei sich haben sollte, um für einen Notfall gerüstet zu sein:

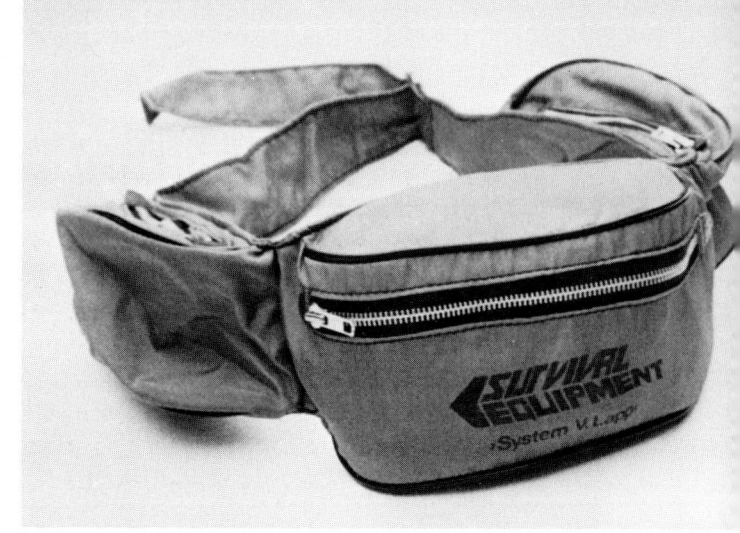

Survival-Gürtel der
Globetrott-Zentrale
Tesch.

Messer und Mini-Beil, Feuerzeug und Brennglas, Angelzeug, Mull-
binde, Kompaß, Wetzstein, Rettungsdecke, Nähzeug, sowie evtl. Jod,
Tabletten und Gesichtsschleier (falls notwendig). Alles zusammen wiegt
samt Gürtel ca 1,5 Kilogramm, wovon natürlich der Löwenanteil auf das
Mini-Beil entfällt. Noch immer aber fehlt der häufig in einem Survival-
Kit zu findende Signalspiegel, und auch die Säge am Survival-Messer
wäre ja ganz schön gewesen, wenn sie funktioniert hätte.
Um zunächst bei dem Signalspiegel zu bleiben: der Autor hat ein Mini-
Beil anfertigen lassen, dessen Seitenflächen plan geschliffen und poliert
wurden; in die Mitte wurde ein Loch gebohrt. Auf diese Weise kann das
Beil bei Bedarf als Signalspiegel verwendet werden, was recht gut klappt
und einen Teil seines Gewichtes kompensiert.

**Und hier der Survivalgürtel mit der Gürteltasche, einem zweckmäßigen Messer
(Puma) sowie dem Mini-Beil von Buck. Rechtshänder sollten allerdings das
häufiger benötigte Messer rechts und das Beil links tragen, so wie das ...**

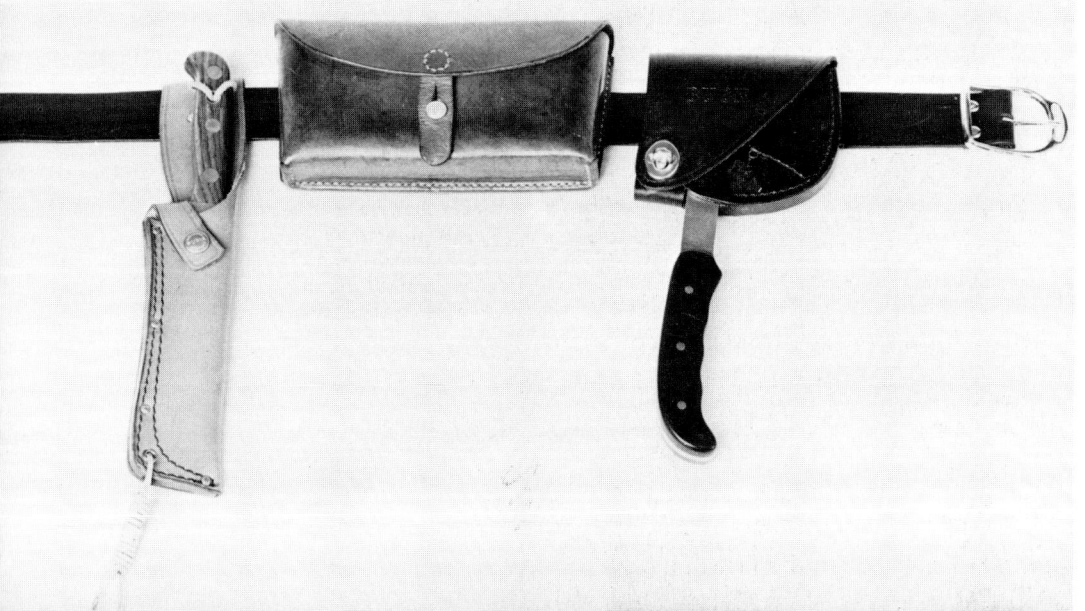

Um etwas stärkere Bäume für einen Feuerholz-Vorrat oder eine Behausung in handliche Stücke zu zerlegen, ist unser Mini-Beil zu klein und eine richtige Säge von unschätzbarem Vorteil. Es gibt einen »Sägedraht« mit Hartmetallbeschichtung, der angeblich auch Holz durchsägt. Nun ja, man kriegt damit schon einen Ast ab, aber es ist ein mühseliges Geschäft. Ungleich besser ist eine kleine Klappsäge, die weniger als 150 Gramm wiegt und auch schon einmal für etwas stärkere Bäume brauchbar ist, aber eine »richtige« Säge eben doch nicht ersetzen kann. Eine solche »richtige« Säge ist etwa eine sogenannte Gestellsäge, wie sie Schreiner verwenden. Sägen kann man nur mit dem Blatt, das Gestell

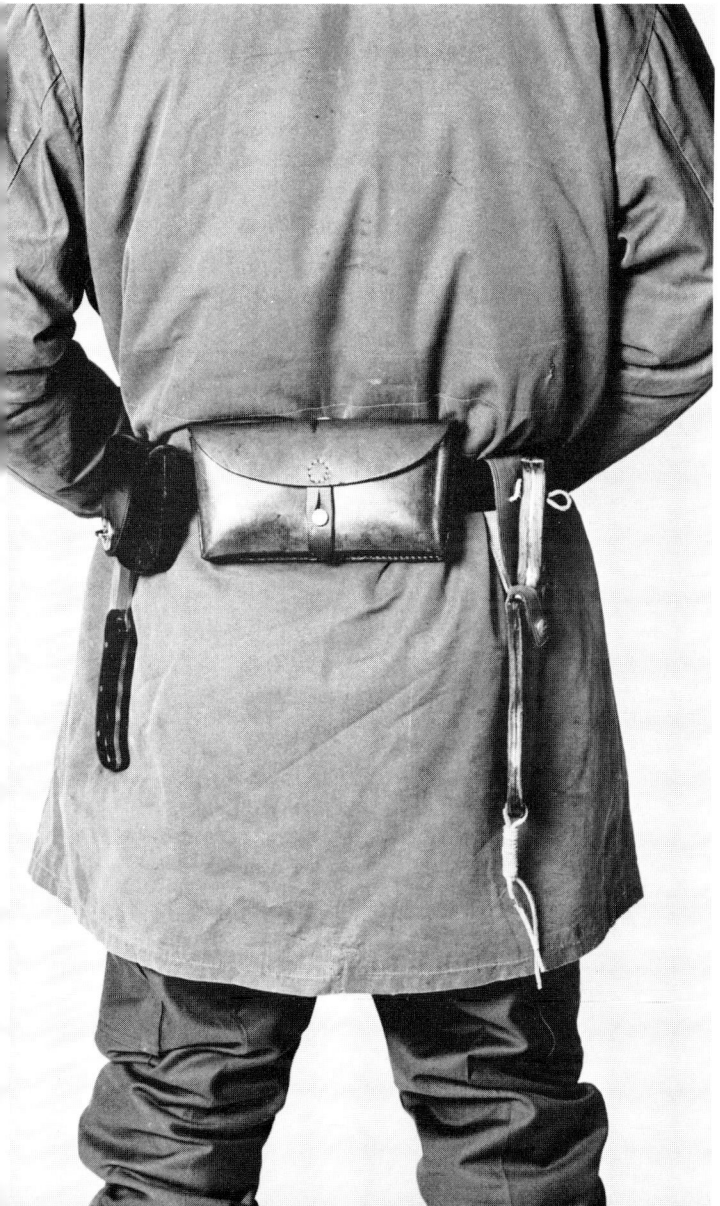

. . . hier sehr schön zu sehen ist. Die Lederschnur unten am Messer dient dazu, es am Schenkel festzubinden.

61

dient lediglich dazu, die Säge bedienen zu können. Während aber das Blatt kaum Platz in Anspruch nimmt und klein zusammengerollt werden kann, sind die Holzteile des Gestells schwerer und voluminöser. Für ein Survival-Kit kommt damit eine Gestellsäge kaum mehr in Betracht, oder?

Befestigt man an den beiden Enden des Sägeblattes Schlauchschellen, ist es verhältnismäßig einfach, daraus bei Bedarf durch passend geschnitzte Stöcke und Angelschnur ein Gestell herzustellen. Die beiden senkrechten Pflöcke werden in die Schlauchschellen gesteckt. In ihre Mitte wird mit der Messerspitze ein Loch gebohrt, das den beidseitig angespitzten Mittelsteg aufnimmt. Über Kerben am oberen Rand wird die Schnur gelegt und mit dem Knebel gespannt. Eine solche Säge funktioniert wirklich einwandfrei, allerdings kann im Gegensatz zu einer normalen Gestellsäge das Blatt nicht gedreht werden, sodaß die Sägetiefe durch den Mittelsteg begrenzt ist.

Es gibt heute ganz raffinierte Sägezahnungen, die aber alle nicht ohne erhöhten Aufwand geschärft werden können. Für unsere Zwecke benötigen wir ein Blatt mit normaler, nicht zu feiner Dreiecks-Zahnung; schärfen kann man sie mit einer kleinen Dreikant-Feile, das Schränken ist auch mit primitiven Hilfsmitteln kein Problem, wenn man sich etwas Zeit läßt.

Dieses Sägegestell wurde nur mit Hilfe eines Messers zusammengesetzt. Gegenüber dem Text handelt es sich um ein früheres Versuchsmodell mit Wolfszahn-Blatt und Metallstiften statt der im Text erwähnten Schlauchschellen.

Der Gürtel mit Messer, Mini-Beil und Zubehör-Tasche muß ja ganz nebenbei auch noch seine eigentliche Aufgabe erfüllen, nämlich die Hose zu halten. Leider befinden sich alle Gegenstände deshalb unter dem Parka, der Jacke, dem Poncho oder was auch immer als Oberkleidung getragen wird. Das vor allem ist der Grund, warum es sich empfiehlt, neben dem eigentlichen Hosengürtel einen besonderen »Survival-Gürtel« zu tragen, wie weiland die Western-Helden ihren Waffengurt. An dem Survival-Gürtel befinden sich Messer, Mini-Beil und Zubehör-Tasche, eventuell auch noch weitere Dinge. Er kann ganz nach Belieben über oder bei Regen unter der Überkleidung getragen werden und wird nur während des Schlafens abgelegt. Baumeln noch weitere Dinge an diesem Gürtel, kann man wie bei einem Koppel einen diagonalen Schulterriemen daran befestigen, der einen Teil des Gewichtes trägt.

Damit haben wir das Thema »Gürtel-Kit« abgeschlossen. Wer einen Survival-Gürtel trägt, sollte eigentlich in der Lage sein, eine Survival-Situation in der Wildnis ohne allzu große Probleme zu überstehen. Allerdings sind bei den bescheidenen Hilfsmitteln immer Entbehrungen damit verbunden.

Im Vergleich mit dem »Gürtel-Kit« ist der »Rucksack-Kit« wesentlich umfangreicher. Er ist auch nicht unbedingt nur eine Versicherung für einen unwahrscheinlichen Notfall, sondern oft Bestandteil der Ausrüstung eines Wanderers in der Wildnis. Wer mit einem richtig zusammengestellten Rucksack-Kit unterwegs ist, müßte eigentlich in der Lage sein, praktisch unbegrenzte Zeit damit relativ komfortabel in der Wildnis leben zu können. Damit bietet sich dieser Rucksack-Kit natürlich auch für Survival-Freunde an, die aus sportlichem Spaß mit bescheidenen Hilfsmitteln in der Wildnis wandern oder lagern und dadurch natürlich ein viel unmittelbareres Erlebnis haben, als wenn sie sich in einem gut ausgestatteten Lager aufhalten. Es verschafft eine Befriedigung ganz besonderer Art, wenn man sich eine provisorische Behausung gebaut und das Essen selbst beschafft hat. Leider ist beides in unseren Wäldern kaum möglich. Das liegt gewiß nicht daran, daß es zu wenig Wild zur Ernährung gibt, im Gegenteil ist bei uns die Wilddichte viel größer als in der wirklichen Wildnis. Dafür aber ist das Jagdrecht ebenso wie das Fischereirecht strikt an das Grundeigentum gebunden und keineswegs für Jedermann frei. Nun kann man sich wohl für längere Zeit von Wildnispflanzen ernähren, aber erstens ist das schon eine recht karge Kost, und zweitens ist auch hier eine Grenze durch Gesetze und Verbote gezogen. Es ist ja schön und gut, daß die Unterrinde mancher Bäume eßbar ist, vor allem der Birken (das sogenannte Kambium), aber was glauben Sie, was Ihnen der Förster erzählt, wenn sie die Rinde einer Birke abschälen, oder wenn Sie versuchen, süßen Ahornsaft zu gewinnen! Selbst eine ordentliche Schutzbehausung dürfen Sie nur in seltenen Fällen bauen. Es bleibt also nur noch eine Art Kompromißformel, wonach wir bei Survival-Spielen in unseren Wäldern einen Teil unserer Nahrung mitführen und sie lediglich aus der Natur ergänzen, soweit dem keine Verbote entgegenstehen. Wer eine möglichst wirklichkeitsnahe Survival-Situation erleben will, muß Mitteleuropa verlassen. Von der Annahme einer solchen echten Survival-Situation werden wir aber ausgehen, wenn über die Zusammenstellung des Rucksack-Kits gesprochen wird.

Die Zusammenstellung des Rucksack-Kits beginnt mit dem Rucksack selbst. Nur wenige andere Artikel unserer Survival-Ausrüstung haben eine ähnliche Entwicklung durchgemacht wie der Rucksack. Der formlose Segeltuch-Sack gehört der Vergangenheit an. Unsere heutigen Rucksäcke sind leicht (zwischen ein und zwei Kilogramm), wasserdicht, geräumig, vor allen Dingen aber haben sie ein Tragegestell. Das Tragegestell mit Gurten verteilt die Last gleichmäßig über den Rücken und auf die Hüften und sorgt dafür, daß die Luft zwischen Rücken und Rucksack zirkulieren kann. Die Schulterriemen sind breit und gepolstert, ein Bauchriemen verhindert, daß der Rucksack hüpft und springt. Wichtig sind drei oder vier geräumige Außentaschen, damit man bei Bedarf rasch die gerade benötigten Dinge zur Hand hat, ohne erst den gesamten Rucksack ausräumen zu müssen. Überhaupt muß man sich ein paar

Rucksack mit Tragegestell, gepolsterten, breiten Schulterriemen und Bauchriemen.

64

Gedanken über die zweckmäßige Reihenfolge beim Packen machen und möglichst allen Dingen ihren festen Platz zuteilen.

Ein moderner Rucksack ist sehr geräumig. Wenn wir ihn teilweise mit voluminösen, aber leichten Sachen wie etwa einem Schlafsack füllen, hält sich sein Gewicht in einem gut erträglichen Rahmen. Überdies gewöhnt man sich bald daran, Last zu tragen. Ein gesunder, normaler Mann empfindet 25 Kilo auch auf die Dauer nicht als große Belastung, wenn er sich erst einmal daran gewöhnt hat. Waldläufer lächeln über eine solche Gewichtsangabe nur geringschätzig und brüsten sich, auch das doppelte Gewicht gut tragen zu können. Sie lächeln allerdings auch über unsere Rücksäcke und bevorzugen ihre Packbretter. Das ist praktisch die gleiche Konstruktion wie das Tragegestell unseres Rucksacks, nur daß an der Unterseite ein horizontales Brett angebracht ist. Das gesamt Gepäck wird zu einem Ballen zusammengeschnürt, in eine wasserdichte Plane gewickelt und am Packbrett festgebunden. Zu tragen ist eine Last mit dem Packbrett zumindest ebenso gut wie mit dem Rucksack, daran gibt es keinen Zweifel. Der Nachteil ist nur der, daß man wegen jeder unterwegs benötigten Kleinigkeit den gesamten Packen zerlegen muß und schon deswegen ein Packbrett wenig geeignet ist.

Bei dem Packen ist nicht nur zu berücksichtigen, welche Dinge unterwegs gebraucht werden und welche man nur bei einem längeren Aufenthalt benötigt, sondern auch die Gewichtsverteilung. Die Last auf unserem Rücken verlagert den Schwerpunkt nach hinten, sodaß wir uns zum Ausgleich nach vorn beugen müssen. Je weiter der Schwerpunkt des Rucksacks vom Körper entfernt ist, um so schwerer wird die Last

Eine für die Wildnis besonders zweckmäßige Kombination von Packboard und Rucksack.

65

empfunden. Da der Oberkörper sich in Schulterhöhe am weitesten vorbeugt, empfiehlt es sich, die schwereren Teile der Last dicht am Körper und weit oben zu verstauen. Der Rucksack selbst darf nicht zu hoch geschnallt werden, sondern sollte mit seiner Unterseite auf der Hüfte aufsitzen.

Ein Rucksack-Kit ist eine Ergänzung des Gürtel-Kits, der über die reinen Notwendigkeiten hinaus schon einen gewissen »Luxus« bietet. Wer keinen Gürtel-Kit verwendet, muß die dort beschriebenen Hilfsmittel im Rucksack mitführen.

Im Rucksack-Kit führen wir auch ein Erste Hilfe-Päckchen für Notfälle mit. Zurückhaltung ist freilich ratsam; wichtiger als die eigentlichen Medikamente, die wir nach dem Rat eines Arztes individuell zusammenstellen, ist auch hier Verbandszeug und Jod zum Desinfizieren. Pflaster für kleinere Wunden sind entbehrlich und wären ohnehin bald aufgebraucht, aber Mullbinden sind für größere Verletzungen sehr zu empfehlen. Noch wichtiger aber ist es, sich mit dem richtigen Verhalten in einer Notsituation vertraut zu machen. Das Schienen eines gebrochenen Beines, das Abbinden einer stark blutenden Wunde, das Anlegen eines Verbandes sollten beherrscht werden. Das »know how« ersetzt viele ansonsten mitzuführenden Vorräte und macht unabhängig. Durch die zwangsweise Umstellung der Ernährung kommt es in einer Survival-Situation zunächst häufig zu Durchfall, den man mit Kohletabletten bekämpfen kann. Man kann aber auch unbegrenzte Mengen an Holzkohle am Lagerfeuer finden. Die Heilkraft von wild wachsenden Kräutern und anderen natürlichen Hilfsmitteln wird nicht nur von Anhängern der Homöopathie anerkannt, setzt aber eine gute Kenntnis der örtlichen Flora und der spezifischen Heilwirkung voraus. Auch wächst leider die gerade benötigte Heilpflanze nicht überall, und bei vielen Heilkräutern ist die Wirkung stark abhängig vom richtigen Erntezeitpunkt. Wer ständig in der Wildnis lebt, kann sich im Jahresverlauf eine Sammlung der Heilkräuter gegen die verschiedenen Krankheiten zulegen, aber der Wanderer in der Wildnis ist mehr von Zufälligkeiten abhängig.

Angeblich waren die Indianer besonders versessen darauf, von den Weißen Feuerwasser, Schießprügel und Glasperlen einzutauschen. Tatsächlich aber gab es für sie, die bislang ausschließlich von der Natur gelebt hatten, viel interessantere und praktischere Dinge zu erstehen. Neben den eisernen Messern und Beilen waren das Nähnadeln, wollene Decken und Kochgefäße aus Metall. Wir sind mit diesen Dingen bereits so vertraut, daß sie uns selbstverständlich erscheinen. Wie wichtig ein Kochgefäß ist, merken wir erst dann, wenn wir keines haben. Die weitaus meisten Nahrungsmittel, die man in der Wildnis findet, müssen oder sollten mit Hilfe des Feuers für den menschlichen Genuß aufbereitet werden, nicht nur wegen des besseren Geschmacks, sondern auch, damit sie von unserem Körper möglichst vollständig verdaut werden können. Fleisch kann man höchst romantisch an offener Flamme rösten, aber dann tropft das besonders wertvolle Fett nutzlos in das Feuer. Suppen aller Art, Eintopf, Tee von Heilkräutern und eine Vielzahl anderer Gerichte können nur durch Kochen zubereitet werden; durch Kochen gehen die wenigsten Nährstoffe verloren, zahlreiche Nahrungsmittel werden durch das Kochen erst genießbar und verdaulich, vor allem solche pflanzlicher Herkunft. Wohl gibt es, wie wir später noch sehen werden, auch ohne Kochgeschirr so manche Möglichkeit zu

Links: Weniger geeignet: das Bundeswehr-Kochgeschirr, aufgeklappt mit Deckel und Einsatz; es ist mehr ein Eßgeschirr als ein Kochgeschirr.

Unten: Da ist dieser kleine Alu-Topf schon besser. So sieht er geschlossen aus, ohne das Etui, in das er beim Transport zu verstauen ist. Der abnehmbare Griff befindet sich im Inneren, in dem auch noch andere Töpfe oder sonstige Dinge verstaut werden können, so daß der Innenraum nicht verloren ist. Der Deckel dient als Pfanne.

kochen oder zu backen, aber alle diese Möglichkeiten sind denkbar umständlich und langwierig.

Oft sind Ausrüstungs-Gegenstände für den militärischen Gebrauch nicht nur verhältnismäßig einfach und billig zu beschaffen, sondern auch für Survival-Zwecke bestens geeignet. Auf Kochgeschirr und Feldflasche freilich trifft das nur sehr bedingt zu, einfach deswegen, weil das Kochgeschirr weniger zum Kochen als zum Essensempfang gedacht ist und das Volumen der Feldflasche mit 0,8 Litern selbst für einen Tagesmarsch schon sehr knapp bemessen ist; man nimmt an, daß sie bei jeder Rast während des Marsches wieder aufgefüllt werden kann.

Ein Topf sollte ein Fassungsvermögen zwischen 1,5 und 2 Litern haben, dabei aber sehr viel breiter als hoch sein, damit die Flammen eine große Angriffsfläche haben. Der Deckel kann als Pfanne dienen, für Topf und Deckel gibt es einen gemeinsamen, abnehmbaren Griff. Diese Ausstattung genügt, man kann aber den Innenraum teilweise auch durch kleinere Töpfe, einen Kessel, Besteck, Teller, Tasse usw. sowie das zusammengerollte Sägeblatt nutzen, ganz nach den persönlichen Ansprüchen. Das Gewicht von Alu-Töpfen ist gering. Auf jeden Fall muß der gesamte Topf in einem gut schließenden Etui stecken, da sonst der andere Rucksack-Inhalt verschmutzt wird. Es bietet sich an, den verfügbaren Innenraum für Notnahrung zu nutzen, eventuell auch für Salz, Kaffee oder Tee. Als Notnahrung besonders empfehlenswert ist ein Konzentrat in Bisquitform, das fast unbegrenzt haltbar ist und pro Kilogramm 21 000 Joule enthält. Ein Pfund deckt also bei mäßiger körperlicher Beanspruchung mehr als einen vollen Tagesbedarf, tatsächlich aber läßt es sich wesentlich länger »strecken«.

Besser als eine starre Feldflasche ist ein wasserdichter Leinen-Faltkanister für Survival-Zwecke geeignet, einfach deswegen, weil er nur jenen Platz beansprucht, der seiner jeweiligen Füllung entspricht. Außerdem ist ein Faltkanister besonders leicht und beliebig verformbar. Der Autor hat gute Erfahrungen mit einem 4 Liter-Faltkanister aus Armeebeständen gemacht, der ganze 110 Gramm wiegt. Es gibt auch weitaus größere Faltkanister, aber wenn keine längeren »Durststrecken« zu befürchten sind, genügt der erwähnte Kanister völlig.

Toilettenartikel sind in der Wildnis eine Sache für sich, wie schon das Beispiel des alten Waldläufers und seines Patent-Einreibmittels gezeigt hat. So selbstverständlich uns zunächst Dinge wie Zahnbürste, Seife, Kamm, Handtuch, Waschlappen und dergleichen sein mögen, lebenwichtig sind sie alle nicht, und es muß den Umständen und den individuellen Ansprüchen überlassen bleiben, wo die Grenzen gezogen werden und ob Hautcreme oder Gesichtswasser wirklich unverzichtbar sind.

Wichtiger als Toilettenartikel ist zur Körper-Hygiene Ersatzwäsche, also Unterwäsche, Socken und ein Hemd. Auf diese Weise hat man immer eine Garnitur zum Wechseln und eine zum Waschen, wobei Seife hilft, aber nicht unentbehrlich ist. Beim Marschieren hängt man nasse Wäsche zum Trocknen außen an den Rucksack. Auf die richtige Bekleidung wird noch ausführlich eingegangen, deshalb mag zunächst der Hinweis auf die benötigte Ersatzwäsche genügen.

Zur Kleidung gehört auch der bereits erwähnte Poncho, der wenig Gewicht und Platz beansprucht und uns bei Regen trocken hält. Nur bedingt der eigentlichen Kleidung zuzurechnen ist hingegen der Schlafsack, auch wenn es sich um eine Ausführung mit Ärmeln handelt, bei der wie bei dem in Kapitel 2 erwähnten Bundeswehr-Schlafsack das Unterteil hochgeklappt werden kann, so daß der Schlafsack auch als

Die ideale Ergänzung eines daunengefüllten, warmen Schlafsacks ist dieses wasserdichte Mini-Zelt mit Kopfteil. Je nach Schlafsack kann man damit bei Temperaturen bis 20 Grad Minus auch ohne Feuer übernachten! Die Packmaße sind nur 12 × 22 cm. Das Gewicht beträgt 600 Gramm.

warmer Mantel zu benutzen ist. Ein Schlafsack ist in der Wildnis eine feine Sache, wenn man unterwegs ist und die Temperaturen nachts kühl oder gar kalt sein können. Er gehört deshalb unbedingt unter solchen Bedingungen zu einem Rucksack-Kit.

Viele Dinge gibt es, die noch in unserem Rucksack Platz finden, aber nicht unerläßlich sind. Eine Dynamo-Taschenlampe ist zu empfehlen, natürlich auch ein paar Reserve-Birnchen. Wer wandert, wird ein Leichtzelt zu schätzen wissen, sofern das Wetter nicht zu kalt ist und man zu befürchtende heftige Regenfälle geschützt und behaglich abwarten will. Wirklich notwendig ist ein Zelt freilich nicht, sondern bereits ein gewisser Luxus, der über den eigentlichen Survival-Gedanken hinausgeht.

Wer bereit ist, Bequemlichkeit durch höheres Gewicht zu erkaufen, ist gut beraten, wenn er statt des Mini-Beils ein ordentliches Handbeil bester Qualität mit einem Schneidenschutz aus Leder in den Rucksack steckt. Ein solches Beil wiegt doppelt so viel wie das Mini-Beil, nämlich etwa ein Kilogramm, und man kann damit ungleich besser gröbere Arbeiten verrichten. Das Mini-Beil am Survival-Gürtel war ja nur ein Kompromiß, um Gewicht zu sparen – immerhin wiegt der komplette Survival-Gürtel mit Mini-Beil, Messer und allem anderen Zubehör nicht viel mehr als das Handbeil allein!

Nicht die Rute, sondern die fehlende Rolle erschwert das Angeln mit Schnur und Haken aus dem Gürtel-Kit. Eine Rute kann man sich überall schneiden, mit Hilfe einer Rolle aber kann man Fische landen, die normalerweise die Schnur zerreißen würden. Nur 340 Gramm schwer und 24 Zentimeter lang ist der zum Transport zusammengeklappte Pocket Fisherman, ein Kompakt-Angelgerät mit eingebauter Rolle, das das Angeln nicht nur erleichtert, sondern zur Freude werden läßt.

Noch wirkungsvoller zur Nahrungsbeschaffung ist meistens ein Gewehr, dann nämlich, wenn Wild vorhanden ist. Ein Gewehr ist zugleich der beste denkbare Schutz gegen Raubwild. Sinnvoll ist allein eine Büchse, keine Flinte für Schrotpatronen. Eine Büchsenpatrone wiegt etwa die Hälfte einer Schrotpatrone (25 Gramm für Patrone Kaliber .308, 50 Gramm für Schrotpatrone Kaliber 12) und beansprucht weitaus weniger Platz. Man kann mit ihr Großwild auf mehrere hundert Meter sicher töten, während eine Flinte nur für Kleinwild und eine Schußentfernung bis 40 Meter geeignet ist. Faustfeuerwaffen, also Pistolen oder Revolver, sind gleichfalls wenig geeignet. Eine Büchse samt Munition wiegt etwa vier bis fünf Kilogramm. Das ist eine ganze Menge,

Die Kompakt-Angel »pocket fisherman«.

und einmal verschossene Munition ist nicht ersetzbar. Dennoch wird in der Wildnis damit das Problem der Nahrungsbeschaffung derart vereinfacht, daß wir auf Feuerwaffen nicht näher eingehen wollen.

Pfeil und Bogen waren die Jagdwaffen der Indianer vor den Tagen des weißen Mannes, und vielleicht haben Sie davon gehört, daß es heutzutage Jäger gibt, die mit Pfeil und Bogen selbst den Grisly bejagen! Es scheint also naheliegend zu sein, sich Pfeil und Bogen anzufertigen. Leider ist mit solchen Bogen Marke Eigenbau nicht viel Staat zu machen. Wer sich schon einmal mit der raffinierten Technik moderner Wettkampf- oder Jagdbogen befaßt hat, wird begreifen, daß ein selbstgebastelter Bogen damit nicht zu vergleichen ist. Für größeres Wild wäre unser Bogen zu schwach, und Kleinwild würden wir damit kaum treffen. Gewiß, die Indianer und andere Naturvölker hatten gleichfalls keine modernen Superbogen, und dennoch haben sie unbestritten mit ihren Bogen sogar Büffel gestreckt, aber sie hatten uns auch eine ungeheuere praktische Erfahrung voraus. Wer in der Wildnis – freiwillig oder unfreiwillig – überwintert, mag sich in dieser endlosen Zeit des Müßigganges einmal mit dem Problem der Herstellung von Pfeil und Bogen aus natürlichen Materialien beschäftigen, ansonst aber ist es schade um die verlorene Zeit.

Das Survival-Set von Puma ist recht gut geeignet, um in einer vorübergehenden Survival-Situation bis zum Eintreffen von Hilfe zurechtzukommen. Das Messer haben wir bereits kennengelernt, auch den Billig-Kompaß und das Angelzeug. Unter der Tasche ist der erwähnte Leuchtstab zu sehen, darunter eine kleine Taschenlampe und ein Feuerzeug.

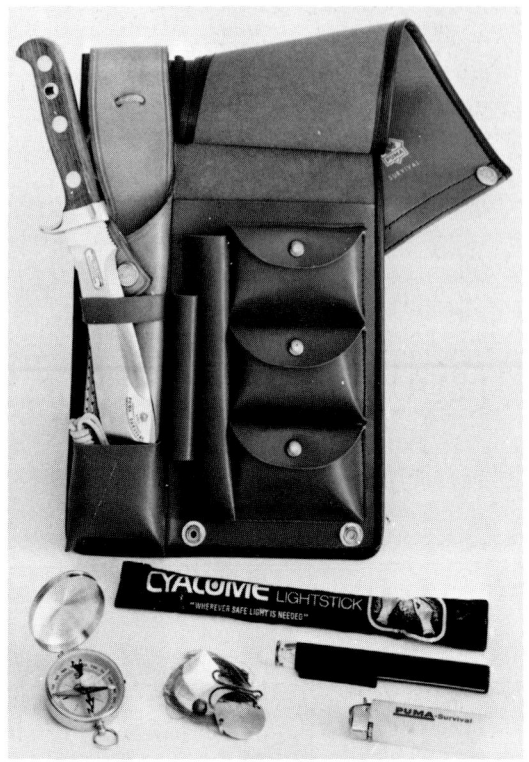

Das Thema »Survival-Kit« soll nicht ohne den Hinweis abgeschlossen werden, daß manche Hersteller abweichende Vorstellungen über eine Survival-Situation haben. So gibt es etwa von der Firma Puma ein Kit, das neben einem recht funktionellen Messer sowie Kompaß, Feuerzeug und Angelgerät (Schnur und drei verschiedene Haken) eine winzige Batterie-Taschenlampe und einen der im Kapital »Kommunikation und Orientierung« beschriebenen Leuchtstäbe enthält. Bei Puma nimmt man an, daß in der heutigen Zeit eine Survival-Situation von nur sehr begrenzter Dauer ist, bis man von Rettungsmannschaften gefunden wird.

Es ist wohl selbstverständlich, daß Brillenträger unbedingt und unter allen Umständen eine Reservebrille in einem festen Etui mitführen, wenn sie nicht bei einem Defekt oder einem Verlust der Brille hilflos sein wollen. Das aber gehört wohl schon nicht mehr zum Thema dieses Kapitels.

5. Bekleidung

Wer in der Wildnis herumläuft, wird der Jahreszeit entsprechend zweckmäßig gekleidet sein. Hoffentlich jedenfalls, denn wenn er unverhofft in eine Survival-Situation gerät, ist der Ersatz oder die Ergänzung unzureichender Kleidung nicht einfach. Bevor wir uns also mit der Herstellung von Bekleidung befassen, wollen wir zunächst einmal den Begriff »zweckmäßig« untersuchen.

Kleidung soll uns schützen, und zwar – in dieser Reihenfolge – vor Kälte, Nässe und vor Verletzungen. Das ist nicht einfach. Kleidung, die bei winterlichen Temperaturen angenehm ist, wird im Sommer oder auch schon bei körperlicher Tätigkeit zu warm sein; Kleidung, die vor Nässe schützt, läßt die Körperflüssigkeit nicht verdunsten; Kleidung, die robust genug ist, um mechanischer Beanspruchung zu widerstehen und uns vor Verletzungen zu schützen, ist schwer. Am einfachsten haben es die Eskimos, so unglaublich das zunächst erscheinen mag. In ihrer Heimat gibt es weder dorniges Gestrüpp oder scharfe Steine noch Regen. Ihre Kleidung muß nur vor Kälte schützen, mehr nicht. Wird sie ihnen zu warm, legen sie einen Teil davon ab.

In ähnlicher Weise müssen auch wir uns den wechselnden Temperaturen anpassen. Wenn wir im tiefen Winter loslaufen und in eine Survival-

Situation geraten, dann ist das aus mancherlei Gründen besonders übel, aber wir dürfen wenigstens damit rechnen, wie ein Eskimo für die Kälte passend gekleidet zu sein. Schutz vor Nässe ist im Winter unwichtig, außerdem haben wir in unserem Gürtel-Kit ja die wasserdichte Rettungsdecke, eventuell sogar im Rucksack den Poncho, sodaß wir auch den Regenfällen des kommenden Frühjahrs gelassen entgegensehen können.

Ereignet sich die Survival-Situation im Sommer, wird unsere Kleidung wahrscheinlich nur aus leichter Unterwäsche, Socken, Hemd, Hose, leichter Jacke, Schuhen, Mütze und einer Parka bestehen. Dazu kommt hoffentlich der Poncho im Rucksack als Regenschutz. Es erhebt sich die Frage, was man noch im Rucksack verstauen sollte, um für alle Fälle gerüstet zu sein.

Am wichtigsten sind wohl neben einer Ersatz-Garnitur kurzer Unterwäsche zwei Garnituren warmer Unterwäsche mit langen Armen und Beinen, sowie ein Pullover und Handschuhe – gefütterte Fäustlinge und lederne Fingerhandschuhe. Falls möglich, sollte auch ein Einknöpffutter für den Parka mitgeführt werden. Viel mehr wird neben den anderen Dingen im Rucksack nicht Platz finden, selbst wenn das Gewicht gering ist. Als Kopfbedeckung ist eine Bundeswehr-Wintermütze geeignet; sie ist im Sommer noch nicht allzu warm und im Winter ausreichend. Auf besondere Winterkleidung wird man verzichten müssen, alle die schönen, warmen Sachen müssen zuhause bleiben, zumal ja noch für den Sommer ein Ersatzhemd und Ersatz-Socken Platz im Rucksack beanspruchen.

Besonders schmerzhaft ist das bei den Schuhen, oder, besser gesagt, bei den Stiefeln. In der Wildnis trägt man nämlich grundsätzlich Knöchelstiefel, die dem Fuß mehr Halt verleihen. Die Stiefel müssen gut sitzen, im Winter vor Kälte schützen und sollten überdies wasserundurchlässig sein. Gummistiefel sind wohl wasserundurchlässig, aber sie bieten dem Fuß wenig Halt, sind gegen mechanische Beschädigungen empfindlich und nicht atmungsaktiv, so daß der Fuß bald darin schwitzt. Das kann man teilweise durch häufigen Wechsel der Socken und austauschbare Füßlinge kompensieren, die überdies vor Kälte schützen. Diese Vorteile wurden von einem kanadischen Hersteller mit den Vorteilen eines Lederstiefels kombiniert. Der Fußteil besteht aus solidem Gummi, daran festgenäht sind Gelenk- und Schaftteil aus Leder mit Schnürung. Ein Innenschuh aus dickem Filz schützt auch vor arktischer Kälte, durch die Schnürung sitzt der Schuh gut, so daß sein einziger Nachteil der ist,

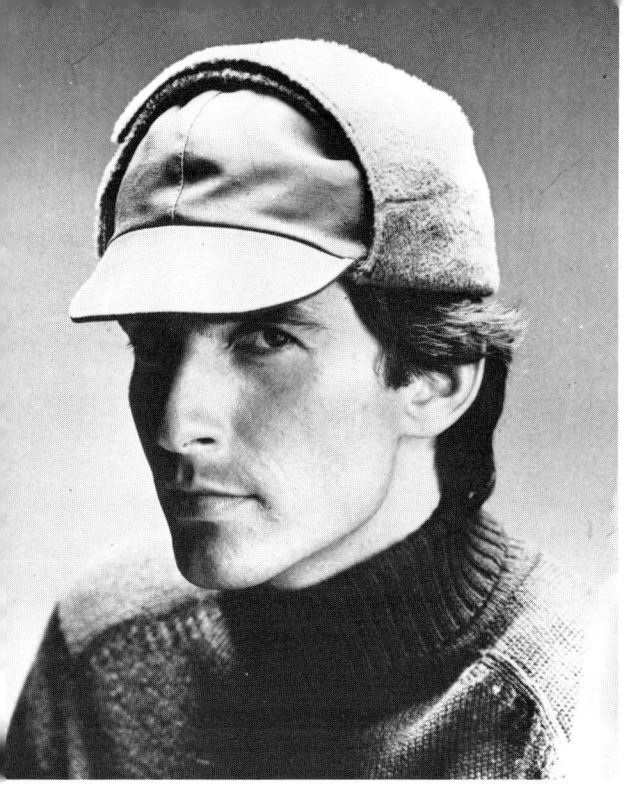

Die Bundeswehr-Wintermütze ist im Sommer noch nicht allzu warm. Im Winter werden die Ohrenklappen unter dem Kinn geschlossen und ein Stirnschutz heruntergeklappt.

Dieser Stiefel hat einen wasserdichten Fußteil aus Gummi, während Knöchel und Schaft aus Leder sind. In diesen Stiefeln (rechts), gehört ein warmer Filz-Füßling der für gute Wintereignung sorgt.

daß man im Sommer einen arg warmen Schuh trägt. Das aber scheint das kleinste Übel zu sein.

Seit einiger Zeit gibt es auch Lederschuhe, die tatsächlich durch eine besondere Gerbung absolut wasserdicht sind. Dennoch kann der Fuß darin atmen. Der Autor besitzt einen solchen Knöchelstiefel und ist damit sehr zufrieden. Natürlich kann man auch diesen Stiefel entsprechend groß kaufen und mit wärmenden Füßlingen tragen; im Sommer kann man die Füßlinge durch Einlegesohlen ersetzen und hat dann wirklich einen für alle Zwecke geeigneten Schuh – wenn der eigene Fuß nicht zu groß ist, denn diesen Stiefel gibt es nur bis Schuhgröße 45. Auch er wurde in Kanada entwickelt.

Bei diesem und ähnlichen Wildnis-erprobten Stiefeln fällt auf, daß die Verschnürung zumindest am Unterteil sehr umständlich durch zahlreiche Löcher gefummelt werden muß, anstatt einfach und rasch über die bei uns üblichen Haken geschlungen zu werden. Das hat natürlich einen guten Grund: in den Haken verfängt sich Gras und Gestrüpp, was zumindest lästig ist.

An sich kann man auch einen normalen Lederstiefel, der gut verarbeitet ist, mit regelmäßiger Pflege und viel Fett so weit bekommen, daß er einigermaßen vor Feuchtigkeit geschützt ist. Durch Pfützen sollte man damit allerdings nicht unbedingt laufen. Außerdem ist Fett in einer Survival-Situation nicht immer leicht zu beschaffen und wird vorwiegend als energiereichstes Nahrungsmittel benötigt.

Die Zeiten ändern sich: heutzutage trägt der Indianer oder Trapper statt der stilvollen, fransenverzierten Lederbekleidung schlichte Latzhosen aus Jeansstoff und eine karierte Wolljacke! Nicht ganz so konsequent ist

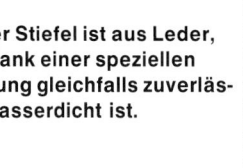

Dieser Stiefel ist aus Leder, das dank einer speziellen Gerbung gleichfalls zuverlässig wasserdicht ist.

76

Die Moleskin-Hose der Bundeswehr eignet sich wegen ihres widerstandsfähigen Stoffes, der aufgesetzten Schenkeltaschen, der eng geschnittenen Beine mit Bund und einiger Belüftungslöcher im Schritt sehr gut für die rauhe Wildnis.

der Autor, der Hose und Parka von der Bundeswehr bevorzugt. Zu der Moleskin-Hose der Bundeswehr mit den aufgesetzten Schenkeltaschen gibt es auch eine Jacke, aber hier haben die Jagdausrüster bessere, allerdings auch wesentlich teurere Angebote. Damit sind nicht die »Survival«-Jacken gemeint, bei denen am einen Ärmel ein Thermometer, am anderen ein Kompaß eingebaut ist (das gibt es tatsächlich), sondern verhältnismäßig leichte Jacken mit zahlreichen Taschen und aus einem wasserabweisenden, reißfesten Gewebe gefertigt. Knöpfe sind einem Reißverschluß vorzuziehen, der, einmal defekt, unersetzlich ist.

Die Haltbarkeit der Kleidung ist in der Wildnis, wo Ersatz zumindest schwierig zu beschaffen ist, von entscheidender Bedeutung. Deshalb

77

kann auch nicht zu reinen Wollsocken geraten werden, obwohl deren Trageeigenschaften unübertroffen sind. Vielmehr ist eine hohe Kunstfaser-Beimischung von Vorteil, weil dadurch die Lebensdauer vervielfacht wird. Bei großer Kälte kann man zwei oder mehr Strümpfe übereinander tragen, falls die Schuhe groß genug sind.

Zu dem Bundeswehr-Parka gibt es einige Alternativen, von denen einige sich durch ein besser vor der Kälte schützendes Futter auszeichnen; andere Vorteile vermochte der Autor nicht festzustellen, wenn man einmal davon absieht, daß manche Parkas hochmodisch und elegant sind (und natürlich weitaus mehr kosten als der Bundeswehr-Parka). Warum überhaupt einen Parka und nicht eine Jacke mit herausnehmbarem Futter, oder ein entsprechender Mantel? Der Parka bietet in seiner Länge den richtigen Kompromiß zwischen ungehinderter Bewegung einerseits und Witterungsschutz andererseits. Seine gleichfalls gefütterte Kapuze gibt bei Regen und Kälte zusätzlichen Schutz für den Kopf und verhindert, daß Wasser in den Kragen läuft, wenn man nicht gleich den Poncho überziehen will.

Neben jenen Dingen, die im letzten Kapitel aufgezählt wurden, enthält unser Rucksack jetzt bei einem Marsch im Sommer eine ganze Menge von Kleidungsstücken, die wohl nicht sehr schwer, aber doch voluminös sind. Wenn Sie einmal zusammenzählen, sind das neben dem Poncho eine zweite Garnitur kurzer sowie zwei Garnituren langer Unterwäsche, ein zweites Hemd (kräftiges, angerauhtes Wollhemd), drei Paar Socken, ein Pullover (der Autor bevorzugt einen englischen Militär-Pullover mit Segeltuch-verstärkten Schultern und Ellenbogen), das Futter des Parkas und Füßlinge, wenn man nicht die erwähnten kombinierten Gummi-Leder-Stiefel mit dem Filz-Innenschuh trägt, sowie eventuell Handschuhe und Fäustlinge. Mit dieser Bekleidung ist man für fast alle denkbaren Witterungsverhältnisse bestens gerüstet, lediglich bei extremer Kälte, wie sie im Norden Amerikas häufig verkommt, genügt sie nicht. Wenn man partout bei solcher Kälte marschieren muß, wird man an Kleidung übereinander anziehen, was man hat, und zwar alles. Sogar der Poncho wird schließlich übergestreift, obwohl er hauchdünn ist. Er trägt aber dazu bei, die Körperwärme zu konservieren.

Noch etwas wird uns bei großer Kälte helfen, nämlich unser Schlafsack, sofern es sich um eine Ausführung handelt, deren Unterteil geöffnet und hochgeklappt werden kann und der Ärmel hat, wie der mehrfach erwähnte Bundeswehr-Schlafsack. Man kann einen solchen Schlafsack dann auch als Mantel tragen, obwohl nicht verschwiegen werden soll, daß das Marschieren damit recht mühsam ist und es sich nur um einen Notbehelf handeln kann.

Mit einem solcherart gefüllten Rucksack und der beschriebenen Kleidung ist man in der Lage, fast unbegrenzt in der Wildnis zu überleben, sofern es gelingt, Wasser und Nahrung zu finden. Bei einem längeren Aufenthalt wird man sich ja auch eine Schutzunterkunft bauen, die das Überleben erleichtert. Leider aber ist keineswegs gesichert, daß wir mit dieser Ausrüstung in eine Survival-Situation geraten; ganz abgesehen davon, daß irgendwann einmal auch die beste Kleidung verschleißt und ersetzt werden muß, kann es durchaus passieren, daß wir lediglich mit leichter Sommerkleidung und dem Gürtel-Kit in die Survival-Situation kommen und uns nun Schutzkleidung für den Winter anfertigen müssen. Dazu benötigen wir aber zunächst einmal Rohmaterial, und das einzige in der Wildnis verfügbare Rohmaterial ist das Leder erlegter Tiere.

Sicherlich haben Sie sich schon gewundert, warum bisher das Leder als klassische Bekleidung der Waldläufer lediglich in Verbindung mit den Schuhen erwähnt wurde, obwohl doch Leder unbestreitbar widerstandsfähiger und robuster als Stoff ist. Unter deutschen Jägern sind Lederhosen wegen dieser Eigenschaft auch recht beliebt, aber so mancher deutsche Jägersmann hat sich bei einem Jagdausflug in Alaska oder Kanada zunächst gewundert, warum die Einheimischen kein Leder tragen, und es dann am eigenen Leibe gefahren.

Lederbekleidung hat den Vorteil, außerordentlich strapazierfähig und haltbar zu sein, und dieser Vorteil wiegt, wie wir gesehen haben, sehr schwer. Es hat aber auch einige handfeste Nachteile, die in ihrer Summe noch schwerer wiegen. Erstens wiegt es tatsächlich viel, ein Nachteil, der sich noch im wahrsten Sinn des Wortes »ertragen« ließe; zweitens schützt es wenig vor Kälte, ein Nachteil, der zum Teil kompensiert werden kann, wenn man die Haare daran beläßt und das Fell mit der Haarseite nach innen trägt; drittens bietet Leder wohl vorübergehend Schutz vor Nässe, weicht aber schließlich doch durch und benötigt dann bei ungünstiger Witterung manchmal Tage, um zu trocknen.

Als die Indianer den weißen Mann kennenlernten, gehörten, wie wir bereits wissen, Wolldecken zu den begehrtesten Tauschwaren. Wolldecken waren herrlich leicht und warm, und wenn sie einmal naß geworden waren, konnte man sie rasch wieder trocknen. Wenn dennoch von Weißen wie Roten Lederkleidung lange Zeit überwiegend getragen wurde, dann lag das vor allem daran, daß die damaligen Wollstoffe nicht so reißfest waren wie unsere heutigen Stoffe. Die Fransen an der Lederkleidung der Waldläufer und der Indianer dienten übrigens weniger der Dekoration, sondern sollten die Wassertropfen abperlen lassen. Wie dem auch sei, wenn wir uns in der Wildnis Kleidung anfertigen müssen, steht uns nur Leder zur Verfügung. Wenn es uns gelungen ist, ein –möglichst großes – Tier zu erlegen, und wir ihm sein Fell abgezogen haben, müssen wir dieses Fell zunächst einmal gerben. Das allein setzt schon einige Kenntnisse voraus, zumindest, wenn wir uns auf die zur Verfügung stehenden natürlichen Hilfsmittel beschränken müssen.

Bevor die Gerbung mit chemischen Substanzen Verbreitung fand, wurde auch bei uns Leder auf natürliche Weise gegerbt, nämlich durch die Gerbsäure, die in der Rinde vieler Bäume, vor allem der Eiche, enthalten ist. Diese Rinde wurde im Frühsommer gewonnen, getrocknet und zerkleinert. Dann füllte man eine Grube abwechselnd mit einer Haut und einer Lage zerkleinerter Rinde, übergoß alles mit Wasser – und wartete sechs bis zwölf Monate, bis der Gerbprozeß beendet war. Ganz offensichtlich dauert dieses Verfahren für unsere Zwecke zu lange, deshalb sei auch auf eine ausführlichere Beschreibung verzichtet, und wir wollen uns mit dieser vereinfachten Darstellung begnügen. Für uns kommt praktisch nur die indianische Methode in Betracht. Danach muß die Haut, sauber geschabt, hängend im Schatten getrocknet werden. Die trockene Haut wird als Rohhaut bezeichnet und kann in dieser Form bereits zu Lederriemen verarbeitet werden. Dazu muß man freilich zunächst die Haare entfernen, was verhältnismäßig einfach ist, nachdem

Rohleder-Riemen gewinnt man, indem man ein scharfes Messer in Holz stößt und eine ovale oder runde Scheibe aus ungegerbtem Leder über die Schneide zieht.

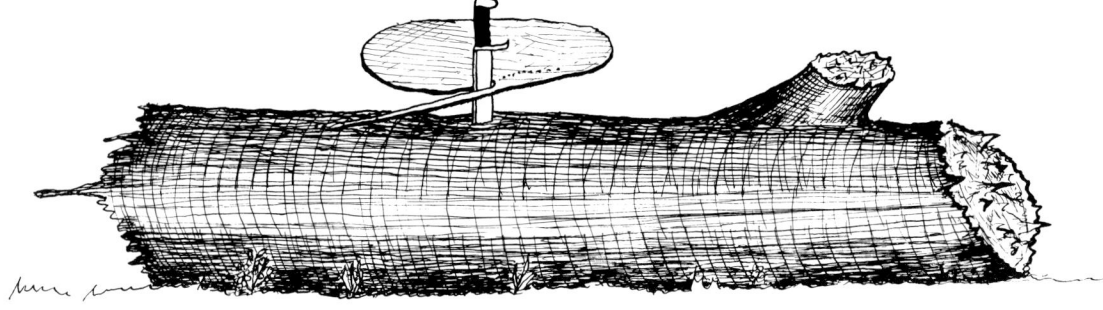

man die Haut mehrere Tage eingeweicht hat. Die wieder getrocknete Haut wird so beschnitten, daß eine runde oder ovale Form entsteht. Nun stößt man das (scharfe !) Jagdmesser in einen Baumstumpf oder in einen gefällten Baumstamm und zieht das Lederstück über die Klinge, immer im gleichbleibenden Abstand zum Rand, sodaß eine lange Spirale entsteht. Wenn man will, kann man die Stärke des Lederstreifens durch einen Anschlag begrenzen; das Leder wird dann zwischen Schneide und Anschlag hindurchgezogen und hat folglich stets die gleiche Stärke.

Rohlederriemen dienen mancherlei Zwecken, zumal uns keine Nägel zur Verfügung stehen. Sie werden freilich rasch hart und können dann nicht mehr verformt werden. Wir müssen sie also so behandeln, daß sie ihre Geschmeidigkeit behalten, und das geschieht mit Seife. Falls wir überhaupt Seife mitführen, wird diese bald aufgebraucht sein, was uns aber nicht sehr erschüttert, denn wir machen uns kurz entschlossen neue Seife!

Dazu lösen wir Hartholzasche in Wasser, kochen sie ein und setzen Fett zu. Ist die Masse zu einem dicken Brei eingedickt, lassen wir sie abkühlen, und schon haben wir Seife! Mit dieser Seife können wir uns und unsere Kleidung waschen, aber auch unsere Rohhautriemen einreiben, um sie geschmeidig zu halten. So behelfen wir uns selbst!

Zurück zum Gerben: unsere enthaarte Rohhaut wird mit einem steifen Brei beidseitig gut eingerieben, anschließend geben wir uns viel Mühe, diesen Brei fest einzumassieren. Der Brei besteht aus dem Hirn des Beutetieres und Wasser! Natürlich kann auch das Hirn eines anderen Tieres verwendet werden. Die eingeriebene Haut wird zusammengerollt. Nachdem der Hirnbrei einen Tag eingewirkt hat, wird die Haut gewässert, möglichst sorgfältig ausgewrungen und nochmals geschabt. Dann wird sie gezogen und gewalkt und mit einem Rohhautriemen über viele kleine Löcher, die wir in ihren Rand gebohrt haben, in einen rechteckigen Streckrahmen passender Größe gespannt. Man kann sie auch an Pflöcken spannen. Die gespannte Haut wird noch einmal sorgfältig überall dort geschabt, wo es notwendig ist, bei Bedarf nachgespannt und getrocknet. Nun endlich haben wir geschmeidiges Leder, Leder allerdings, das durch Nässe wieder hart wird. Das verhindern wir durch das Räuchern. Man kann dazu eine besondere Grube anlegen, die Haut zu einem Beutel zusammennähen, in dem sich der Rauch fängt, und später den Beutel umstülpen, sodaß auch die andere Seite geräuchert wird. Das dauert dann eine Stunde. Man kann sich aber auch mehr Zeit nehmen, Grünzeug auf Lagerfeuer-Glut werfen und die Haut darüber aufspannen. Die geräucherte Haut endlich ist weiches Leder, das auch nach einem kräftigen Regen weich bleibt. Da Lederkleidung am Feuer getrocknet wird und dabei immer Rauch einwirkt, geht die Schutzwirkung auch nicht verloren.

Auf diese Weise können wir nicht nur Leder, sondern auch gegerbte Felle herstellen. Dazu wird einfach die Haut nicht enthaart und von der Fleischseite her dafür zweimal mit Hirnbrei eingerieben, ansonsten ist der Herstellungsprozeß unverändert. Aus diesem Rohmaterial können wir unsere Kleidung anfertigen. Dabei sind der Phantasie und dem Geschick kaum Grenzen gesetzt. Zum Nähen verwenden wir wie die Indianerinnen Tiersehnen, die im getrockneten Zustand gespalten und anschließend eingeweicht und durch Kauen geschmeidig gemacht werden, sofern unser fester Zwirn nicht ausreicht. Glücklicherweise haben wir unsere Nähnadeln, die die Arbeit enorm erleichtern. Dennoch muß Leder vorgebohrt werden, was ganz gut mit einem Angelhaken klappt. Leder näht man, wie bereits beschrieben, mit zwei Nadeln. Diese werden gegenläufig durch jedes Loch geführt. Da wir den Faden nicht wachsen können und Sehnen wohl auch nicht so haltbar sind wie unsere Garne, verknoten wir den Faden nach jedem Loch. Falls jetzt nämlich irgendwo der Faden reißt, trennt sich nicht die ganze Naht auf. Für unsere Zwecke ist wohl nur die »Sattlernaht« interessant. Wir werden bald merken, wie mühselig jede Naht ist und unsere Kleidungsstücke möglichst so zuschneiden, daß wenig Nähte entstehen.

Statt der Strümpfe stopfen die Indianer in ihre ledernen Schuhe, die Mokassins, trockenes Gras oder Moos, auch Daunen von Wasservögeln, was einen guten Kälteschutz ergibt.

Wenn Sie sich vor Augen halten, daß Eskimos nicht einmal über ein ordentliches Messer und Nähnadeln verfügten und dennoch bei ärgster Kälte problemlos überlebten, gewinnt das Problem der Herstellung von Bekleidung eine andere Dimension!

Unbeantwortet bleibt vorerst allerdings die Frage, wie man denn Beutetiere ohne Waffe erlegen soll, deren Fell zu Leder verarbeitet werden kann.

Wer häufiger Leder näht, kann sich die Arbeit ganz wesentlich durch eine Nähahle erleichtern, die verhältnismäßig billig im Versandhandel angeboten wird, nur sehr wenig Platz beansprucht und einschließlich einer Garn-Reserverolle und einiger Reservenadeln, die im abschraubbaren Griff untergebracht sind, keine 100 Gramm wiegt. Damit erübrigt sich das Vorstechen.

Auch wenn ein Kleidungsstück nicht mehr zu reparieren ist, sollte man es nicht leichtfertig fortwerfen. Irgendwie kann man die in der Wildnis unersetzlichen Reste meistens noch verwerten. Wenn man Nähte vorsichtig auftrennt, hat man wertvollen Faden zum Nähen, aus Fetzen eines Hemdes kann man sich Fußwickel anfertigen, um Strümpfe zu ersetzen, usw.

Natürlich darf man Kleidungsstücke auch nicht verlieren, was besonders bei den Handschuhen und der Mütze leicht passieren kann. Die Handschuhe werden, wie wir das von Kleinkindern her kennen, durch eine Schnur miteinander verbunden, die durch die Ärmel der Jacke oder des Parkas gezogen wird und über dem Rücken verläuft. Sie muß lang genug sein, um beiden Armen ungehinderte Bewegungsfreiheit zu erlauben.

Die Mütze kann man durch eine Kinnschnur sichern, ebenso wie einen Hut. Ein Hut ist in dicht bewachsenem Gelände unpraktisch, vor allem schützt er bei Kälte nicht die Ohren. Bei der erwähnten Bundeswehr-Mütze und anderen der gleichen Art werden Ohrklappen, die im Winter heruntergeklappt werden können, in der warmen Jahreszeit über dem Kopf zusammengebunden. Es gibt schöne, warme Fellmützen in der gleichen Art, aber die sind im Sommer zu warm. Natürlich reicht dafür die Bundeswehr-Mütze bei wirklich niedrigen Temperaturen nicht mehr aus, aber dann kann man ja zusätzlich die gefütterte Kapuze des Parkas überziehen, ebenso, wie man bei Regen die Kapuze des Poncho über die Mütze zieht.

In der Wildnis hat man natürlich keinen Schlafanzug dabei. Völlig »ohne« sollte man aber nicht im Schlafsack nächtigen, denn der Körperschweiß dringt ein und verdunstet tagsüber auch dann nicht, wenn man den Schlafsack wendet und zum Trocknen aufhängt. Entweder schläft man in einem dünnen Innenschlafsack, der tagsüber gut trocknet, oder in einer Ersatzgarnitur Unterwäsche. Die sollte dann allerdings auch öfter gewechselt werden, damit sie nicht zu sehr verschwitzt. Wer bei großer Kälte am nächsten Morgen nicht in die zum Trocknen aufgehängte, eisigkalte Wäsche schlüpfen will, holt diese für einige Zeit zum Anwärmen in den Schlafsack, ebenso wie die Strümpfe. Übrigens: auch bei Frost trocknet nasse oder feuchte Wäsche, sehr gut sogar.

In den zahlreichen Taschen von Hose, Hemd, Jacke oder Parka lassen sich viele Dinge verstauen, denen individuell eine unterschiedliche Wichtigkeit beigemessen wird. Ein Feuerzeug ist ratsam, um jenes des Survival-Kits wirklich als Reserve für Notfälle zu behalten. Wichtig und praktisch ist ein kleines Taschenmesser, das mit einer Schnur an einer

Gürtelschlaufe festgebunden wird, damit man es nicht verliert. Es sollte neben einer oder auch zwei Klingen möglichst eine kleine Schere haben. Die Fuß- und Fingernägel kann man ja notfalls noch mit dem Jagdmesser absäbeln, mit dem Haupt- oder Barthaar wird das schon schwieriger, denn ein Messer, das scharf genug zum Rasieren ist, eignet sich nicht zum vielfältigen Gebrauch. Trotz anderslautender Ratschläge werden wir kaum umhin kommen, unseren Bart sprießen zu lassen und ihn gelegentlich zu stutzen – mit der Schere, falls vorhanden. Eine Ahle bzw. ein Pfriem ist noch ganz nützlich, ein Hakenlöser/Fischschupper vielleicht auch noch, aber leider haben die meisten Taschenmesser eine Unzahl von Klingen, die in der Wildnis nutzlos sind: Korkenzieher, Kapselheber, Schraubenzieher, Büchsenöffner usw. Typisch dafür sind die in der Qualität und Vielseitigkeit hervorragenden, aber für unsere Zwecke weitgehend nutzlosen Klingen der sogenannten Schweizer Offiziersmesser.

Die bekannten Schweizer Offiziersmesser haben neben vielen in der Wildnis nutzlosen Werkzeugen (u. a. Büchsenöffner, Kapselheber, Korkenzieher, Schraubendreher) auch so nützliche Klingen wie eine kleine Säge, eine noch kleinere Lupe, Schere, Ahle und Fischschupper/Hakenlöser. Rechts ein Messer bester Qualität (Victorinox), links eine minderwertige Imitation.

Zweckmäßige Kleidung wird wesentlich vom Klima bestimmt, wie wir bereits festgestellt haben. Die in diesem Kapitel beschriebene Kleidung ist für die tropische Wildnis ungeeignet, und wer sich ausschließlich in der eisigen Arktis oder Antarktis aufhält, wird gleichfalls andere Anforderungen an seine Kleidung stellen. Wer aber in gemäßigten Zonen mit verhältnismäßig warmen Sommern und kalten Wintern unterwegs ist, dem mag diese Beschreibung nutzen. Individuelle Abweichungen sind immer möglich, man muß also nicht zugunsten einer Bundeswehr-Mütze etwa auf den geliebten Südwester verzichten.

6. Das Feuer

Zweifellos war die »Erfindung« des Feuers der entscheidende Schritt auf dem Weg zum homo sapiens; man kann vielleicht sogar so weit gehen zu sagen, daß die Menschwerdung zu jenem Zeitpunkt beginnt, da unsere Vorfahren sich das Feuer nutzbar machten. Alle technologischen (und indirekt auch alle geistigen) Entwicklungen lassen sich auf die bewußte Anwendung des Feuers zurückführen. Unsere Ahnen waren, wie bereits erwähnt, höchst unvollkommene Lebewesen, und wahrscheinlich wären sie von besser der Umwelt angepaßten Lebewesen verdrängt worden, hätten sie nicht unter dem Druck des Existenzkampfes Intelligenz entwickelt und mit deren Hilfe sich das Feuer nutzbar gemacht.

Höhere Tiere sind meist stark genug, um sich gegen ihre Feinde verteidigen zu können, eventuell im Rudelverband, oder sie sind schnell genug, ihnen zu entkommen. Unsere Vorfahren hatten weder die Kraft, die Krallen und die Zähne, um sich gegen die großen Raubtiere verteidigen, noch die Schnelligkeit, um ihnen entfliehen zu können, oder um selbst weniger wehrhafte Pflanzenfresser zu ereilen.

Das Feuer hat den ersten Menschen wohl in erster Linie jenen Schutz geboten, der ihr Überleben inmitten einer feindlichen Umwelt ermöglichte. Feuer fasziniert und ängstigt alle Tiere gleichermaßen; oft werden

Raubtiere vom Schein des Lagerfeuers angelockt, aber nie ist ein Fall bekannt geworden, in dem sie in unmittelbarer Nähe des Lagerfeuers Menschen angegriffen hätten. Kipling beschreibt in seinem »Dschungelbuch« sehr plastisch, wie Mogli mit Hilfe des Feuers den übermächtigen Tiger besiegte. Im Schutz des Lagerfeuers konnte die nomadisierende Horde getrost übernachten.

Was für den schutzlosen Urmenschen Gültigkeit hatte, das gilt heute gleichermaßen für den ebenso schutzlosen Menschen in einer Survival-Situation. Im Gegenteil, unsere Abhängigkeit vom Feuer ist heute sogar noch weit größer geworden. Uns schützt kein natürlicher Pelz mehr; die Bekleidung kann uns bis zu einem gewissen Umfang vor niedrigen Temperaturen schützen, aber schon bei kühlen Nächten ist das Feuer eine höchst willkommene Unterstützung, bei großer Kälte nicht zu entbehren. Der Schein des Feuers ist oft unsere einzige Lichtquelle; es ist noch garnicht so lange her, daß die Menschen sich in der Nacht mit Fackeln und Kienspänen behelfen mußten. Im nächsten Kapitel werden wir die Bedeutung des Feuers für die Zubereitung unserer Ernährung kennenlernen. Viele Nahrungsmittel werden erst durch das Kochen oder Braten für uns genießbar, und durch das Räuchern können wir zu Überfluß-Zeiten Nahrungsmittel für Notzeiten haltbar machen.

Der Rauch des Feuers, oft als lästig empfunden, hat also durchaus Vorteile. Er dient weiterhin zur Übermittlung von Signalen und zur Abwehr von blutsaugenden oder stechenden Insekten.

Mit Feuer kann man Holz härten und trocknen oder einen Bootsrumpf aus einem Stamm ausbrennen. Mit seiner Hilfe wird Land gerodet, Metall geschmiedet, und was der vielen Dinge mehr sind, die uns im Rahmen dieses Buches nur beiläufig interessieren. Die Bedeutung des Feuers in einer Survival-Situation ist so groß, daß davon Gedeih und Verderb abhängen.

Falls wir unser Gürtel-Kit mitführen, sollte es eigentlich kein großes Problem sein, mit dem Brennglas oder – bei ungünstigen Bedingungen – mit dem Gasfeuerzeug ein Feuer zu entzünden. Freilich ist das in der Praxis garnicht so einfach, und der Ungeübte wird viel Zeit (und Gas vom Feuerzeug) benötigen, bis schließlich die Flammen lodern. Beginnen wir also zunächst einmal mit dem rationellen Anzünden eines Feuers.

Je geringer die Hitze und je kürzer die Einwirkungsdauer ist, um so leichter entflammbar muß das zu entzündende Material sein. Die durch ein Brennglas erzeugte Hitze wird wesentlich geringer sein als jene von der Flamme eines Feuerzeugs, dafür spielt es aber keine große Rolle, wieviel Zeit wir für das Entzünden benötigen. In einem modernen Haushalt haben wir heute kaum mehr die Möglichkeit, ein Feuer zu entzünden, außer vielleicht in einem Kamin, und selbst hierbei bedienen wir uns meistens extrem leicht brennbarer Anzünder. Versuchen Sie einmal, ohne Anzünder, nur mit Papier und Anmachholz, ein Kaminfeuer so weit zu entzünden, daß schließlich auch die dicken Holzbrokken brennen. Wenn Ihnen das als schwer erscheint, dann bedenken Sie bitte, daß in der Natur kein Papier zur Verfügung steht und das Holz kaum jemals so gut durchgetrocknet ist wie Kaminholz. Außerdem herrscht hier nicht der von unten nach oben geleitete Durchzug, der das Anzünden wesentlich erleichtert. Über die in diesem Kapitel vermittelte Theorie hinaus müssen Sie so lang üben, bis Sie in der Lage sind, in der Natur zuverlässig mit einem Streichholz ein Feuer zu entzünden; obwohl wir normalerweise ein Feuerzeug verwenden, ist ein Streichholz als Maßstab unserer Fertigkeit besser geeignet, weil seine Flamme nicht variierbar und seine Brenndauer begrenzt ist. Ist diese Praxis-Übung noch verhältnismäßig leicht erlernbar, gibt es wesentlich größere Schwierigkeiten, wenn das Feuer nur mit dem Brennglas entzündet werden soll und wir kein Papier oder ähnliches Material verwenden können.

Dabei hatten es die Hausfrauen vor zweihundert Jahren noch viel schwerer, wenn sie Feuer anzünden mußten. Ihr Feuerzeug bestand aus Stahl und Stein; Funken fielen auf den »Zunder«, wurden vorsichtig angeblasen, und schließlich züngelten Flämmchen auf. Der Hausherr mußte, wenn er keinen Fidibus an einer offenen Flamme entzünden konnte, auf ähnlich umständliche Weise seine Pfeife anzünden, aber das Verfahren war offensichtlich zuverlässig genug, um lange Zeit der Zündmechanismus der Feuerwaffen zu sein (Steinschloß).

Zum Feueranzünden sind »Holzlocken« gut geeignet.

Der berühmte Zunder ist heute nicht mehr käuflich. Winzige, staub-trockene Rindenstückchen, ebenso trockenes, feines Gras oder Moos, eingetrockneter Kot von Pflanzenfressern, winzig kleine Vogelfedern – kurz, alles, was fein, trocken und leicht brennbar ist, wird gut gemischt zu einem flockig-leichten Zunder, um den herum das Feuer zuverlässig entzündet werden kann. Zunächst kommen um den Zunder herum kleine, trockene Zweige, auch Rindenstücke, so weit sie trocken sind, und Holzsplitter, dann werden nach außen hin die Holzstücke immer größer, und, falls kein anderes Holz verfügbar ist, auch feuchter. Sehr gut brennen »Locken«, das sind daumenstarke oder auch dickere Äste, die man so einschneidet, daß lange Späne entstehen. Diese Späne werden nicht völlig abgetrennt, sondern bleiben mit ihrer einen Seite am Ast hängen und rollen sich wie Locken ein.

Ein Holzstapel wird pyramidenförmig aufgebaut. Auf einer Seite bleibt eine Öffnung, durch die man das leicht brennbare Material auf der Innenseite erreicht. Wie bei einem Kamin sollte ein Zug von unten nach oben entstehen, zumindest, bis auch die stärkeren Holzstücke Feuer gefangen haben und genügend Hitze entwickeln.

Woher bekommt man geeignetes Holz für ein Lagerfeuer? Frisches Holz brennt herzhaft schlecht, es sei denn, daß das Feuer bereits starke Hitze entwickelt. Auch die vielgelobte Birke brennt frisch sehr schlecht, selbst wenn sie immer noch etwas leichter brennen mag als anderes Laubholz. Umgestürzte, abgestorbene Bäume sind hingegen bestens geeignet, sofern man nur jene Äste und Stammteile nimmt, die keinen Bodenkon-takt haben und keine Faulstellen zeigen. Generell brennt Nadelholz besser als Laubbaumholz, aber dieses brennt länger und entwickelt größere Hitze, sodaß man zum Anzünden das Holz von Nadelbäumen, für das einmal brennende Feuer aber das Holz von Laubbäumen bevor-zugen wird. Je trockener das Holz, um so weniger Rauch entsteht; umgekehrt wird man grünes Holz, eventuell sogar Laub, Nadeln oder faules Holz aufwerfen, wenn man Rauchsignale geben oder Fliegen vertreiben will.

Wirkliche, unberührte Wildnis ist nicht mit unseren durchforsteten und gepflegten Monokulturen zu vergleichen, sodaß abgestorbene Bäume überall zu finden sind. Das gilt allerdings nur, solange das Tageslicht uns dabei hilft, deswegen sollte auch dann für die Nacht ein reichlicher Holzvorrat angelegt werden, wenn keine Gefahr besteht, bei nächtlicher Holzsuche Raubtieren zur willkommenen Beute zu werden.

Auch mit einem größeren Beil und sogar mit einer Säge ist die Brennholz-Beschaffung mit einiger Arbeit verbunden. Nun gilt die Devise »viel hilft viel«, und wer viel Hitze und Licht möchte, muß auch viel Holz verfeuern. Leider wird dadurch nicht nur jene Richtung erwärmt, in der wir sitzen, sondern alle Richtungen gleichermaßen. Außerdem hat ein großes Feuer die fatale Eigenschaft, so schnell Holz zu konsumieren, daß wir vor lauter Nachlegen nicht zum Schlafen kommen.

Eine automatische Versorgung des Feuers durch eine Rutsche ist für eine oder auch für zwei Personen eigentlich schon zu aufwendig. Zu diesem Zweck werden zwei etwa einen Meter lange Pfähle im Abstand von einem Meter schräg in den Boden geschlagen. An ihre Außenseiten werden zwei etwas längere Baumstämme parallel auf den Boden gelegt, und zwar nach jener Seite, die dem Neigungswinkel der Pfähle zum Boden entgegengesetzt ist. An der Schräge werden reichlich meterlange Stammteile aufgeschichtet, der dickste Stammteil unten, der dünnste oben. Zwischen den beiden am Boden liegenden Stämmen wird das

Die automatische Holzrutsche funktioniert nicht immer zuverlässig, ist aber doch eine wesentliche Arbeitserleichterung.

Feuer angezündet; der unterste Stamm verbrennt allmählich, so daß der nächste nachrollt, usw. Ganz hundertprozentig funktioniert die Sache nicht, ist aber doch eine wesentliche Arbeitserleichterung bei einem größeren Lagerfeuer. Hinter der Rutsche sollte allerdings niemand schlafen, denn die aufgeschichteten Stämme reflektieren den größten Teil der Wärme.

Nur selten wird man das Glück haben, sein Feuer vor einer senkrechten Steinwand entzünden zu können, die die Wärme zurückstrahlt, wenn man sich zwischen Feuer und Felswand aufhält. Man kann aber einen reflektierenden Schirm mit Hilfe der alubedampften Rettungsdecke bauen, der, wenn er etwas schräg geneigt ist, überdies einen Regenschutz bietet. Selbstverständlich muß man einen Respektabstand zum Feuer einhalten, denn ein Funken schmilzt leicht ein Loch in die Plastikplane. Die reflektierende Wand würde dann an der der automatischen Rutsche entgegengesetzten Seite gespannt, und es genügt ein wesentlich kleineres, weniger Brennholz verzehrendes Feuer, um die erwünschte Wärme zu erzeugen.

Brennholz für ein wärmendes Lagerfeuer ist sehr viel länger als jene Scheite, die Sie vielleicht für das Verbrennen in Öfen und Kaminen kennen. Sie werden ringförmig mit einer Seite in das Feuer gelegt und von Zeit zu Zeit nachgeschoben. Auf diese Weise spart man sich eine unnötige Zerkleinerung. Stehen Säge und Beil zur Verfügung, wird man von einem trockenen Stamm einige kürzere Abschnitte sägen und mit dem Beil zu hervorragendem Anmachholz spalten. Ansonsten aber bleibt es bei den längeren Scheiten und bei ungespaltenem Rundholz.

Bei einem Standlager wird man bemüht sein, das Feuer möglichst nie verlöschen zu lassen. Nachts spendet es Wärme und Schutz, tagsüber vertreibt es Insekten, dient zum Kochen und Braten, eventuell auch als Signalfeuer. Allerdings werden wir uns oft für längere Zeit entfernen müssen. Um nun das Feuer am Brennen zu erhalten und nicht abermals die lange und umständliche Prozedur des Anzündens zu erleben, legen wir einen dicken Holzbrocken in die Glut und decken das Feuer so mit ausgestochenen Rasenstücken ab, daß nur an zwei einander gegenüberliegenden Stellen ein Durchzug entsteht. Auf diese Weise wird Glut sehr lange bewahrt. Würde die Sauerstoffzufuhr völlig unterbrochen, hätten wir irgendwann einmal Holzkohle.

Ein Kranz dicker Steine, der das Feuer einfaßt, erwärmt sich mit der Zeit und strahlt dann in ähnlicher Weise Wärme ab wie ein Kachelofen. Für ein Standlager ist ein solcher Aufwand auch dann zu empfehlen, wenn man die Steine erst mühsam zusammensuchen muß. Oft wird davor gewarnt, die Steine von Flußbetten zu nehmen, weil diese wasserdurchtränkt sind und angeblich explosionsartig zerplatzen können, wenn sie erwärmt werden. Der Autor hat diese Befürchtung wohl nicht bestätigt gefunden, möchte aber zur Vorsicht die Warnung weitergeben.

Die Steine fassen das Feuer so ein, daß es sich nicht unkontrolliert ausbreiten kann und das Kochen erleichtert wird. Um zunächst das »unkontrollierte Ausbreiten« etwas näher zu kommentieren: vor allem in den trockenen Sommermonaten ist die Gefahr eines Waldbrandes unvorstellbar groß. Auch ein scheinbar gründlich gelöschtes Feuer kann zum Brandherd werden, weil vielleicht Würzelchen in der Erde glimmen oder ein Funken im Moos schwelt. In Anbetracht der zuvor geschilderten Schwierigkeiten, ein Feuer anzuzünden, ist es wirklich erstaunlich, wie leicht ein Feuer unbeabsichtigt entstehen kann. Angeblich soll schon eine leere Glasflasche unter ungünstigen Bedingungen genügen, um die Sonnenstrahlen wie ein Brennglas zu konzentrieren und einen Waldbrand zu verursachen. Selbst wenn man einmal von der Gefahr für das eigene Leben absieht: ein Waldbrand wird durch Patrouillenflugzeuge recht bald entdeckt, und da es in der Wildnis nicht viele mögliche Verursacher gibt, wird der fahrlässige Brandstifter höchstwahrscheinlich irgendwann festgestellt, spätestens, wenn er sich mit oder ohne Hilfe nach einer Survival-Situation zur Zivilstation durchgeschlagen hat. Für den ungeheuren, durch den Waldbrand entstandenen Schaden ist er voll haftbar! Allergrößte, peinlichste Vorsicht mit dem Feuer ist allen Waldläufern selbstverständlich; das Feuer ist der größte Freund, aber auch der größte Feind des Waldläufers! Die hellauf lodernden, meterhohen Flammen eines »Osterfeuers« sind ohnehin eine nutzlose Verschwendung von Brennholz, aber durch den Funkenflug auch eine große Gefahrenquelle. Bei dem Verlassen eines Lagers wird das Feuer so gründlich und sorgfältig wie irgend möglich gelöscht, am besten indem man viel Wasser über die Feuerstelle gießt.

Was das »Kochen« anbelangt, so ist es gar nicht so ganz einfach, eine Suppe zu kochen oder auch nur ein Schnitzel in der Pfanne zu braten, selbst wenn man so glücklich ist, Topf und Pfanne zu besitzen. Einen Braten an einem über zwei Astgabeln laufenden und von Hand gedrehten Spieß über dem offenen Feuer zu brutzeln scheint die einzige sich anbietende Möglichkeit, aber leider verbrennt der Braten, und wenn man Pech hat, verbrennt auch der Spieß, und unser Braten landet im Feuer. Allenfalls mag es gelingen, kleinere Fleischstückchen an Stöcken in ähnlicher Weise am Feuer zu braten, wie wir das bei einer Fondue in heißem Öl machen.

Vielleicht der wichtigste Grundsatz für das Kochen oder Braten am offenen Feuer ist der, daß wir dazu nur Glut benötigen, Flammen hingegen stören! Die von der Glut ausgehende Hitze ist es, die die Suppe zum Kochen bringt und das Fleisch in der Pfanne brät; Freizeit-Grillfreunde können diese Erfahrung auch mit ihrem Holzkohlengrill machen. Bei einem Standlager wird man sich neben dem »Ofen«, dem der Wärme und der Beleuchtung dienenden eigentlichen Lagerfeuer, noch einen »Kochherd« bauen. Dieser besteht aus zwei gleich hohen Steinreihen, vielleicht jeweils einen Meter lang, 15 Zentimeter hoch und mit Schlamm einigermaßen dicht verstrichen. Die beiden Reihen sind nicht völlig parallel – auf der einen Seite liegen sie etwa zehn, auf der anderen Seite zwanzig Zentimeter auseinander. Die Oberseite sollte möglichst etwas abgeplattet sein. In Verlängerung einer zwischen beiden Steinreihen verlaufenden gedachten Mittellinie werden die beiden berühmten Astgabeln in den Boden getrieben, darüber liegt eine stabile Stange.

Mit Hilfe von Rindenstücken oder einer anderen improvisierten Schaufel wird nun die Glut vom »Ofen« in den »Herd« geschaufelt, die Rinne zwischen den beiden Steinreihen wird je nach Bedarf mehr oder weniger mit Glut gefüllt. Auf der abgeplatteten Oberseite kann man Töpfe,

Kochherd aus oben abgeflachten Stämmen, zwischen die Glut vom Lagerfeuer gefüllt wird.

Pfannen und Kessel so verschieben, daß sie mehr oder weniger Hitze abbekommen. Man kann auch über Asthaken Henkeltöpfe an der in den Astgabeln liegenden Stange in beliebiger Höhe so aufhängen, daß ihr Inhalt nur warmgehalten wird.

Ein solcher »Kochherd« ist für eine einmalige Benutzung natürlich etwas aufwendig, aber man kann auch statt der Steinreihen vorübergehend oben abgeplattete Baumstämme verwenden. Ist das Essen bereitet, kann man den »Herd« einfach im »Ofen«, also im Lagerfeuer, verbrennen. Grundsätzlich gilt, daß erst dann mit mit dem Kochen und dem Braten begonnen wird, wenn das Feuer zu Glut heruntergebrannt ist, ansonsten kann man die Kochstelle nach Belieben improvisieren.

Was ist zu tun, wenn wir – aus welchen Gründen auch immer – weder ein Brennglas noch ein Feuerzeug dabei haben? Dann wird das Entzünden eines Feuers sehr viel umständlicher. Mit dem Klingenrücken eines stabilen Jagdmessers oder besser dem Mini-Beil kann man auf jedem einigermaßen harten Stein Funken schlagen, es muß also keineswegs unbedingt Feuerstein sein. Allerdings ist guter Zunder unentbehrlich, um aus dem Funken ein Flämmchen und aus dem Flämmchen ein Feuer werden zu lassen. Erst wenn diese Methode versagt, hat es Sinn, andere Verfahren zu versuchen, aber es sei gleich hinzugefügt, daß die Chancen für den Ungeübten, ein Feuer zu entzünden, dann nicht sehr gut sind!

Es werden in der Literatur ja allerlei Patentrezepte gehandelt, wie ein Feuer mit verschiedenen Hilfsmitteln zu entzünden ist. Wenn man ein Fernglas zerschlägt, kann man dessen Linsen tatsächlich als Brennglas verwenden, kein Zweifel. So ganz einfach ist es freilich nicht, ohne das geeignete Werkzeug die Linsen aus dem Fernglas herauszupuhlen, sodaß sie nicht zerbrechen, ganz abgesehen davon, daß ein zufällig vorhandenes Fernglas nützlich sein kann und nur in äußerster Not zerstört werden sollte.

Recht einfältig ist die Behauptung, man könne mit den Gläsern von Kompaß und Uhr ein Brennglas herstellen. Erstens ist das Kompaßglas meist plan geschliffen und nicht gewölbt. Zweitens sind auch diese Gläser nicht leicht aus ihren Fassungen zu lösen, ohne sie zu zerstören. Drittens ist ein Kompaß (und auch die Uhr als »Ersatzkompaß«) ein so überaus wichtiges Gerät, daß man – bitte sehr – doch besser eine andere Methode findet, Feuer anzuzünden, anstatt ein Gerät zu zerstören, von dem möglicherweise das Überleben abhängt, nur in der vagen Hoffnung, mit den Resten ein Feuer zu entzünden. Es gibt auch noch ein »viertes«, aber das sei am nächsten Beispiel illustriert.

Zwei Brillengläser, so heißt es, können ein Brennglas ersetzen, wenn man sie, wie Kompaß- und Uhrenglas, zusammenlegt und den Zwischenraum mit Wasser füllt. Nun fragt sich nur noch, wie man denn das Wasser zwischen den Gläsern hält – eine Luftblase darf nicht entstehen. Das ist selbst zuhause nicht einfach, wo uns alle Hilfsmittel zur Verfügung stehen, man muß schon ganz schön basteln, um den Zwischenraum mit Wasser zu füllen und die Ränder wasserfest abzudichten.

Viel schlimmer aber noch ist die Tatsache, daß ein Brillenträger ohne Brille recht hilflos ist; deswegen ja auch der Rat, in der Wildnis als Brillenträger unbedingt und immer eine Ersatzbrille in unzerbrechlichem Etui mitzuführen. Mit einer Sonnenbrille funktioniert der »Brennglas-Trick« ohnehin nicht, und der Autor (Brillenträger) muß gestehen, daß es ihm auch mit zwei mühsam mit Wasser gefüllten und abgedichteten klaren Brillengläsern nicht gelungen ist, ein Feuer zu entzünden. Es sei nicht grundsätzlich bestritten, daß man irgendwie und irgendwann einmal mit der Hilfe von zwei Brillengläsern ein Feuer zuwege bringt, aber der Versuch wäre allenfalls dann zu rechtfertigen, wenn es keine anderen Möglichkeiten mehr gibt und es buchstäblich um das Überleben geht. Theoretisch müßten zwei gewölbte, wassergefüllte Brillengläser als Brennglas wirken, der praktische Wert ist allerdings zweifelhaft. Einzelne Brillengläser von Weitsichtigen lassen sich gleichfalls als Linse verwenden. Noch viel theoretischer scheint die Möglichkeit zu sein, mit einem Stück Eis ein Feuer zu entzünden! Das klingt so widersinnig, daß die theoretische Möglichkeit allenthalben bekannt ist und als Paradebeispiel dafür angeführt wird, wie man selbst unter extremsten Bedingungen überleben kann, wenn man sich zu helfen weiß. Nach dem Motto »unglaublich, aber wahr« scheinen solche Behauptungen um so leichter geglaubt zu werden, je unwahrscheinlicher sie sind. Vorsichtige Skeptiker freilich, die wissen, daß im Ernstfall ihr Überleben von dem Funktionieren solcher Patentrezepte abhängt, probieren sie erst einmal aus, bevor sie sich darauf verlassen.

Sicherlich kennen Sie die Theorie: man nehme einen Eisbrocken ohne Einschlüsse von Luft oder Verunreinigungen, hacke daraus eine dicke, runde Scheibe von etwa 15 Zentimetern Durchmesser, und forme nun durch die Wärme der bloßen Hand daraus eine glatte, beidseitig harmonisch gewölbte Linse. Ganz beiläufig sei bereits jetzt darauf hingewiesen, daß bei wirklich strenger Kälte die Hand allenfalls für 20 bis 30 Sekunden aus dem Handschuh schlüpfen darf, um ein Streichholz oder das Feuerzeug an einen vorbereiteten Holzhaufen zu halten, sonst erstarrt sie. Unter solchen Umständen mit den bloßen Händen eine Linse aus Eis zu formen, ist zumindest schwierig.

Aber auch, wenn es Ihnen tatsächlich gelungen sein sollte, eine Linse aus Eis zu formen, werden Sie sich wohl vergeblich bemühen, damit ein Feuer zu entzünden. Der Autor hat sich nach vergeblichen Versuchen bemüht, jemanden zu finden, der geschickter ist – umsonst. Anschließend war er jahrelang bemüht, wenigstens einen Augenzeugen zu finden, der nicht nur vom Hörensagen her bestätigen konnte, daß es möglich ist, mit Eis Feuer zu machen – wieder umsonst. Vielleicht findet sich ein Leser dieses Buches, der nähere Angaben machen kann, vorerst jedenfalls beurteilt der Autor diese Möglichkeit mit größter Skepsis.

Nicht alles, was als Rettung im Ernstfall propagiert wird, ist Unsinn. Tatsächlich ist es fast überall möglich, ein Feuer ohne Streichhölzer, Feuerzeug oder Stein und Stahl zu entzünden, und zwar durch die Reibungswärme. Wir alle wissen, daß durch Reibung Wärme entsteht. Wir wissen auch, daß Wärme leicht entflammbares Material entzündet, ohne daß dieses direkt mit der Wärmequelle in Berührung kommen muß.

Um Feuer zu reiben, benötigt man ein trockenes, flaches, nicht zu kleines Stück Holz von einem Nadelbaum oder einem nicht zu harten Laubbaum, sowie ein Stock aus ähnlichem Holz, einen halben Meter lang und mit einem Durchmesser von etwa zwei Zentimeter. Von entscheidender Bedeutung ist wirklich absolut trockenes, totes Holz

Das Reiben von Feuer funktioniert wirklich, dauert allerdings geraume Zeit, ist recht anstrengend und erfordert einige Übung.

ohne Saft bei dem Brett und dem Stock. Die Arbeit läßt sich wesentlich erleichtern, wenn man einen kleinen Bogen mit einer Sehnenlänge zwischen 30 und 40 Zentimeter hat, aber er ist nicht unerläßlich.

Ein Ende des Stocks wird halbkugelförmig gerundet, wobei sorgfältige Arbeit sich auszahlt. Das Gegenstück des abgerundeten Stockendes wird aus dem Brett herausgeschnitzt. Nun stellen wir den Stock senkrecht hinein, schlingen die Sehne des Flitzebogens um den Stock und »sägen« damit, während gleichzeitig die andere Hand mit einem flachen Stein oder einem ähnlichen Holzstück Druck ausübt. Um das Loch herum legen wir unseren Zunder, wenn wir Glück haben, bringen wir ihn durch die Reibungswärme zum Glimmen. Aus dem Glimmen wird durch vorsichtiges Blasen zunächst kräftigere Glut, später dann wohl auch ein richtiges Flämmchen. Natürlich muß nun alles bereit sein, um das mühsam erzeugte Flämmchen auch am Leben zu erhalten.

So einfach, wie sich das liest, ist es allerdings nicht. Unabdingbare Voraussetzung ist, wie erwähnt, völlig trockenes Holz zum Reiben und Zunder. Außerdem benötigt man sehr viel Übung, um die Sehne des Flitzebogens nicht zu straff und nicht zu locker zu spannen, nicht zu viel und nicht zu wenig Druck auszuüben, und um gefühlvoll das Glimmen zum Brennen zu bringen. Der erste Versuch wird kaum gelingen, vor allem dann nicht, wenn man auch noch auf den Flitzebogen und den flachen Stein bzw. das flache Holzstück, mit dem der Druck ausgeübt wird, verzichtet. Dann nämlich muß man den Stock rasch zwischen den Handflächen reiben und gleichzeitig nach unten drücken, was unausweichlich dazu führt, daß die Hände allmählich am Stock nach unten rutschen. Nun muß rasch wieder umgegriffen werden. In jedem Fall, ob mit oder ohne Flitzebogen, ist das Verhältnis zwischen dem anzuwendenden Druck und der Reibungsgeschwindigkeit wichtig; etwas verallgemeinernd läßt sich sagen, daß im Zweifelsfall die Geschwindigkeit wichtiger ist als der Druck. Selbst im günstigsten Fall muß man wohl zehn Minuten hart arbeiten, bevor das Feuer brennt. Wenn kein wirklich trockenes Holz oder guter Zunder vorhanden ist und man keine Übung hat, kann man sich ewig lange abmühen, ohne Erfolg zu haben. Es ist überhaupt erstaunlich, wie schwer es sein kann, selbst mit einem Feuerzeug oder mit Streichhölzern, aber ohne Anzündmaterial wie Papier ein Feuer erst einmal in Gang zu bekommen, insbesondere nach anhaltendem Regenwetter. Hier kann nur der Rat gegeben werden, daß Übung den Meister macht und man jede Gelegenheit nutzen sollte, Erfahrungen zu sammeln.

7. Die Ernährung

Ursprünglich waren unsere Vorfahren zu Beginn der Menschwerdung Jäger und Sammler. Sie gehörten zu den verhältnismäßg wenigen Lebewesen, die sowohl Nahrung tierischen als auch pflanzlichen Ursprungs verwerten konnten, allerdings nicht so gut wie die jeweiligen »Spezialisten«. Ihre Kauwerkzeuge und Verdauungsorgane waren entsprechend angepaßt; noch heute beweist unser Gebiß, daß wir anatomisch zwischen Tier- und Pflanzenfressern stehen, ebenso deutet die Länge unseres Verdauungstraktes, der bei Fleischfressern kürzer, bei Pflanzenfressern länger ist, darauf hin.

In unseren gemäßigten Breiten waren die Lebensbedingungen natürlich nicht so günstig wie in wärmeren Zonen, wo die ersten Hochkulturen der Menschheit entstehen konnten. Aber auch bei uns waren für die Vorzeit-Menschen die Lebensbedingungen vom Frühjahr bis in den späten Herbst hinein unerträglich, nur im Winter kam es regelmäßig zu einem harten Überlebenskampf, der oft verloren wurde. Wenn im Herbst nicht genug Vorräte über den Tagesbedarf hinaus gesammelt und aufbewahrt werden konnten, waren die Überlebenschancen der wandernden Urmenschen gering; im Winter verkrochen sie sich in Höhlen, wärmten sich an Feuern und konnten nur hoffen, mit ihren unzulänglichen Waffen einen gleichfalls von der Wintersnot geschwächten größeren Pflanzenfresser zur Strecke zu bringen, ohne selbst einem hungrigen Großraubtier oder den Wölfen zum Opfer zu fallen.

Uns Zivilisationsmenschen ist die Gebetszeile »unser täglich Brot gib uns heute« längst zu einer inhaltslosen Phrase geworden. Wir haben nicht nur Nahrung im Überfluß, sondern können uns sogar den Luxus leisten, bei der Auswahl der Nahrungsmittel sehr wählerisch zu sein. Der letzte Weltkrieg liegt so lange zurück, daß die wenigstens unter uns sich noch an Zeiten der Not erinnern können. Selbst damals aber gab es keine allgemeine Hungersnot bei uns. Wir vergessen oder verdrängen aus unserem Bewußtsein, daß noch heutzutage jährlich viele Millionen Menschen auf der Welt verhungern.

Man sollte es nicht glauben, aber trotz dieser Tatsachen ist es für einen Menschen mit den nötigen Kenntnissen, der sich in der Wildnis verirrt hat und völlig auf sich selbst gestellt ist, allenfalls im tiefen Winter ein Problem, sich ausreichend Nahrung zu beschaffen. Da verhungern weltweit jährlich ungezählte Menschen, und ausgerechnet auch noch überwiegend in klimatisch begünstigten Ländern, während sie einige Kilometer außerhalb der Ballungszentren alles finden, was sie zum Überleben brauchen!

Wer sich mit dem Gedanken beschäftigt, in der Wildnis Nahrung zu finden, denkt fast zwangsläufig zuerst an einen zur Strecke gebrachten Großsäuger, in der Regel an einen Pflanzenfresser. Tatsächlich hätte man hier einen Berg konzentrierter, hochwertiger und überdies noch sehr schmackhafter Nahrung, aber es ist so einfach nicht, ohne Feuerwaffe ein größeres Säugetier zu erlegen. Wir wollten ja bei unseren Betrachtungen von der Annahme ausgehen, daß uns keine Feuerwaffe zur Verfügung steht.

Viel wichtiger als das Fleisch von Großsäugern sind für unsere Ernährung unter solchen Umständen Kleinsäuger bis hinunter zu den Mäusen, aber auch niedere Tiere: Insektenlarven, Würmer, Schnecken, Schlangen, Frösche; einzig vor Kröten wird gewarnt, und diese Warnung sei kommentarlos wiedergegeben, weil der Autor sich nicht von ihrer Richtigkeit überzeugt hat. Vielleicht graust es Sie vor diesem Gewürm, Sie ekeln sich? Das ist alles Ansichts- und Geschmackssache; bitte denken Sie daran, daß auch in unserem Kulturkreis Weinbergschnecken und Froschschenkel als besondere Leckerbissen gelten, von faulen Eiern und Vogelnestern oder gar anderen »Leckerbissen« ganz zu schweigen. Bibelkundige werden wissen, daß Johannes der Täufer sich in der Wüste von »wildem Honig« (also dem Honig wilder Bienen) und – gerösteten Heuschrecken ernährt haben soll! Uns geht es in einer Survival-Situation ja nicht darum, uns einen Gaumenkitzel zu verschaffen, uns den Luxus bestimmter Vorlieben und Abneigungen leisten zu können und störisch zu sagen »nein, meine Suppe ess' ich nicht«, sondern wir wollen schlicht und einfach überleben. Erst wenn das Nahrungsangebot reichlich ist, können wir wählerisch sein. Es ist ganz erstaunlich, wie rasch sich Vorurteile unter dem Zwang der Notwendigkeit verlieren!

Nahrung tierischen Ursprungs ist normalerweise wertvoller als Nahrung pflanzlichen Ursprungs. Sie hat einen höheren Nährwert und ist leichter verdaulich. Es kommt hinzu, daß es in den gemäßigten Breiten wohl einige Pflanzen wie etwa die Tollkirsche oder den Knollenblätterpilz gibt, die wirklich giftig sind und deren Genuß tödlich sein kann, aber kein Tier. Selbst Giftschlangen wie unsere Kreuzotter oder die Klapperschlange des amerikanischen Kontinents sind mit Ausnahme des Kopfes eßbar; lediglich vor Kröten wird, wie erwähnt, gewarnt.

Es leuchtet also ein, daß man im Notfall tierische Nahrung in jeder erreichbaren Form verwertet, ohne sich um Vorurteile oder Tabus zu kümmern.

Ein wesentliches Problem bei vielen Nahrungsmitteln pflanzlichen Ursprungs liegt darin, daß sie zu rasch unseren verhältnismäßig kurzen Verdauungstrakt passieren, als daß sie dort voll verwertet werden können. Das gilt verstärkt natürlich für den noch kürzeren Darm (immer im Verhältnis zur Körperlänge gesehen) der reinen Fleischfresser, wie der Hunde. Nehmen diese etwa Gras auf, dann nur als Ballaststoff, das Gras wird unverdaut wieder ausgeschieden. Wir können uns in vielen Fällen dadurch helfen, daß wir pflanzliche Nahrung »vorverdauen«, indem wir beispielsweise Samenkörner, wie Getreide, mechanisch zerkleinern, in Wasser einweichen oder kochen. Auf diese Weise kann man selbst die Zellwände von Holz kleinkriegen und die darin enthaltenen Nährstoffe aufschließen, aber diese Mühe lohnt sich kaum. Da ist es schon besser, die direkt über dem Holz liegende innerste Rindenschicht abzuschaben und zu essen, am besten gleichfalls gekocht. Besonders nahrhaft ist diese Kambium genannte Rindenschicht im Frühjahr, wenn die Säfte aufsteigen.

Der Nährwert der meisten Pflanzen ist verhältnismäßig gering. Zu den Ausnahmen gehören die Samen, wie die Getreidekörner oder die Nüsse. Blätter, Stengel oder auch Wurzeln haben einen sehr hohen Anteil an Wasser, das wohl wichtig ist, aber keinen Nährwert hat. Werden solche Pflanzenteile getrocknet, verlieren sie einen Teil ihres Wassers und damit auch Gewicht, nicht jedoch ihren Nährwert. Außerdem werden sie durch das Trocknen und den damit verbundenen Wasserentzug haltbar. Ähnliches gilt für die verschiedensten Beeren, die gerade in gemäßigten und nördlichen Zonen sehr reichlich wachsen und im Herbst überall zu finden sind. Wie auch bei anderem Obst ist hier der eigentliche Samen von einer schmackhaften Fruchtfleisch-Hülle umgeben, die bald zu faulen beginnt, wenn ihr nicht durch Trocknung das Wasser entzogen wird. Damit sind wir allerdings schon bei der Vorratshaltung angelangt, auf die erst später eingegangen werden soll. Zuvor müssen wir uns aber noch eingehender mit den Rohstoffen auseinandersetzen, den verfügbaren Nahrungsmitteln.

Getreide finden wir in der Wildnis natürlich nicht, oder doch nur in seiner Urform – als Gras. Alle Getreide sind Gräser, die durch planmäßige Zucht zu größeren Samenkörnern und höherem Ertrag gebracht wurden. Grassamen ist gewiß mühsam zu ernten und muß vor dem Genuß zerkleinert und zubereitet werden, aber ist hervorragend haltbar und sehr nahrhaft.

Wilde Zwiebeln sammeln Nährstoffe an, aus denen im nächsten Jahr eine neue Pflanze entsteht. Zwiebelgewächse, auch Blumenzwiebeln, sind verhältnismäßig häufig zu finden und gut eßbar. Ähnliches gilt für Hagebutten oder Vogelbeeren, die winzigen Samen in den Zapfen von Nadelbäumen, und für (viele) Pilze. Gerade bei Pilzen weiß man allerdings, daß manche Arten zum Tod führen, und wenn man nicht sicher ist, sollte man lieber darauf verzichten; wo sich Pilze finden, wird es in aller Regel auch andere Nahrung geben. Will man partout nicht darauf verzichten, handelt man hier ebenso wie bei allen anderen unbekannten Nahrungsmitteln, bei denen Zweifel möglich sind, nämlich nach der Methode der amerikanischen Waldläufer »try and wait«. Auf gut Deutsch: man ißt ein winziges Stück des Pilzes oder der Pflanze und wartet, was passiert. Hat sich nach einem Tag – so lange sollte man zur Vorsicht wirklich warten, wenn man völlig sicher gehen will – keine negative Auswirkung gezeigt, vergrößert man die Portion und wartet abermals, bis man sich schließlich durch dieses Verfahren allmählich von der Unbedenklichkeit überzeugt hat. Manche Pilze und auch bestimmte andere Pflanzen sind wohl nicht giftig, aber doch wegen eines Bitterstoffes oder aus anderen Gründen ungenießbar. Das stellte sich bei der Methode »try and wait« natürlich rasch heraus. Meiden sollte man, so heißt es mit einigem Recht, Pflanzen, die einen milchigen Saft absondern. Bei vielen Pflanzen sind die Jugendformen eßbar, später wird die

Pflanze dann ungenießbar. So ist das beispielsweise auch mit der Brennnessel, die oft als Gemüse empfohlen wird, wahrscheinlich deswegen, weil sich das so überraschend liest. Junge Brennesseln geben in der Tat ein gutes Gemüse ab, von älteren Brennesseln sollte man lieber die Finger lassen. Ganz abgesehen davon: Brennesseln sind ausgesprochene Kulturfolger, die in der wirklichen, menschenfernen Wildnis praktisch nicht zu finden sind.

Immerhin zeigt die Verwertbarkeit junger Brennesseln als Gemüse, daß vielerlei Pflanzen eßbar sind, von denen man das eigentlich nicht erwartet hätte. Was wir als Gemüsepflanzen kennen und im Garten anbauen, sind kultivierte Formen von Wildgemüsen, die unter vielen anderen Pflanzen weniger wegen ihres besonders hohen Nährwertes als wegen ihres Geschmacks planmäßig angebaut und weitergezüchtet wurden. Löwenzahn etwa erweist sich als wirklich gutes Gemüse, wenn man sich auf seine jungen Blätter beschränkt, und ist gleichzeitig auch ein Beweis dafür, daß nicht alle Pflanzen ungenießbar sind, die einen milchigen Saft absondern. Mit Salaten ist das eine etwas andere Sache. Unsere Salate schmecken uns vor allem durch die Gewürze, mit denen sie angemacht worden sind. Wohl kann man zarte, junge Pflanzenteile auch roh essen und erwarten, daß unser Körper die (wenigen) darin enthaltenen Nährstoffe aufnimmt, meistens aber wird man sie zu Gemüse kochen (und natürlich das Kochwasser nicht wegschütten, sondern verwerten).

Was den Mäusen oder den Vögeln schmeckt, wird auch für Menschen bekömmlich sein – wer sich daran und an die Methode »try and wait« hält, kommt auch in unbekannter Wildnis gut zurecht. Wir aber genieren uns in keiner Weise, unsere kleinen Ratgeber, die Mäuse und Vögel, selbst zu verspeisen, sofern wir sie erwischen! Womit wir bei der Nahrung tierischen Ursprungs angelangt wären.

In menschenferner Wildnis sind Tiere und Vögel vertrauter als bei uns, wo viele Arten bereits zu scheuen Nachttieren geworden sind. Selbst bei uns aber gelingt es zuweilen einem Treiber bei einer Treibjagd, einen sich drückenden Junghasen mit der Hand zu greifen! Vögel auf ihrem Nest werden zu einer verhältnismäßig leichten Beute, einschließlich ihrer mehr oder weniger angebrüteten Eier oder der bereits geschlüpften Jungvögel. Den größten Jagderfolg aber wird der waffenlose Jäger in der Wildnis mit Fallen und mit Schlingen haben, und mit etwas Glück und Geschick auch größere Tiere damit erbeuten. Ein besonderer Glücksfall ist es, wenn man ein kurz zuvor von Raubwild gerissenes größeres Tier findet, dessen Fleisch auch für uns noch genießbar ist und von dem wir rausschneiden können, was uns zusagt. Ganz ohne Risiko ist das freilich nicht, denn auch wenn Raubtiere normalerweise vor Menschen fliehen, verteidigen etwa Bären zuweilen ihren Riß sehr nachdrücklich. Wollen wir in verhältnismäßig zuverlässiger Sicherheit arbeiten, kann uns das Feuer helfen. Wir nähern uns dem Kadaver mit einer brennenden Fackel, entzünden dort ein Feuer und sichern uns unseren Anteil an der Beute, bevor wir uns in der gleichen Weise entfernen. Wenn wir Pech haben, hat Meister Petz in der Zwischenzeit unser Lager »aufgeräumt«, aus schierer Neugierde oder auf der Suche nach etwas Freßbarem. Die Folgen sind unvorstellbar, weshalb wir unsere Habseligkeiten immer mitführen sollten, oder sie so an hohen Ästen festbinden, daß sie für alles Getier unerreichbar sind. Das aber ist ein anderes Thema, das mit der Ernährung nichts zu tun hat.

Zur Ernährung gehört hingegen auch das Trinken, also die Wasserversorgung. In waldreicher Wildnis ist Wasser glücklicherweise nicht selten, muß aber erst einmal gefunden werden. Wie man ein Gewässer findet, wurde bereits im Kapitel »Kommunikation und Orientierung« beschrieben. In der Wildnis sind die Gewässer natürlich nicht so verschmutzt und von allerlei Abwässern oder Chemikalien verunreinigt wie in unserer Kulturlandschaft. Dennoch sind sie weit davon entfernt, völlig sauber und keimfrei zu sein. Das ist auch nicht weiter tragisch, denn etwas Dreck in Form von Sandkörnchen »reinigt den Magen«, wie man so schön sagt, und an die in der Wildnis vorkommenden Bakterienstämme gewöhnt der Körper sich bald. Bis dahin allerdings, also bis zur Gewöhnung, wird man von Verdauungsproblemen geplagt. Offensichtlich verschmutztes, stehendes Wasser wird man ohnehin nicht trinken – es sei denn, man habe keine andere Wahl.

Selbst aus einem mit Schmutzwasser gefüllten Loch läßt sich sauberes Wasser gewinnen, wenn man in einiger Entfernung davon ein anderes Loch aushebt. In dieses Loch nun strömt Wasser ein, sobald es tiefer ist als der benachbarte Wasserspiegel. Das einströmende Wasser ist zunächst sehr schmutzig; wir schöpfen es aus, warten, bis es nachgelaufen ist, schöpfen es ggf. noch einmal aus und müssen jetzt nur noch warten, bis sich eventuell immer noch vorhandene Schmutzteilchen gesetzt haben. Durch mehrere Meter Erdreich gefiltert, ist das Wasser nun klar und sauber. Leider ist es dadurch aber noch nicht keimfrei geworden.

Wollen wir sicher gehen, kommen wir nicht umhin, praktisch alles Wasser, außer ausgesprochen klarem Quellwasser auf sandigem Grund, abzukochen, bis sich unser Körper an die ortsüblichen Bakterien gewöhnt hat. Es gibt natürlich auch andere Methoden, Wasser keimfrei zu machen. Ein paar Tropfen Jod reinigen z.B. einen Liter Wasser, wenn man sie gut verrührt und wartet, bis sie ihre Wirkung entfaltet haben. Das dauert ungefähr eine Stunde. Eine ähnliche Wirkung haben Wasser-Entkeimungstabletten. Sie sind aber in der Wildnis ebenso wenig ersetzbar wie Jod, wobei Jod ohnehin aufgehoben werden sollte, um Verletzungen zu desinfizieren. Deshalb sei der Hinweis nur als Tip für Notfälle verstanden, wenn ein Abkochen aus irgend welchen Gründen nicht möglich ist.

Regenwasser ist sauber und keimfrei. Mit Hilfe der Plastikplane oder des Ponchos sollten wir in der Lage sein, es aufzufangen, in einem Faltkanister können wir es aufbewahren, ansonsten müssen wir mit Hilfe der Plane improvisieren.

Bei wasserhaltiger Kost und kühlem Wetter ist der Trinkwasser-Bedarf wesentlich geringer. Viele pflanzenfressenden Tiere kommen bei saftiger Weide und morgendlichem Tau während des Sommers völlig ohne Wasser aus; unsere Schafe etwa haben in der Vegetationsperiode selten Gelegenheit zum Trinken, aber im Stall, wo sie während des Winters mit Heu gefüttert werden, benötigen sie zwischen einem und zwei Liter Wasser täglich. Wir Menschen können stark wasserhaltige Pflanzen zerkleinern, klopfen und quetschen, sodaß sie Saft absondern, der Wasser teilweise zu ersetzen vermag.

Bei nicht zu kaltem Wetter kann man genügend Trinkwasser gewinnen, wenn man an einer möglichst tief gelegenen Stelle eine Grube aushebt. Hat man Glück, erreicht man rasch den Grundwasserspiegel, und Wasser sickert hinein, das sich bald klärt. So viel Glück brauchen wir aber gar nicht. Wir bedecken nämlich einfach die Grube, in deren Mittelpunkt ein Behälter steht, mit unserer Plastikplane. Am Rand wird sie mit Steinen beschwert, in der Mitte hängt sie etwas durch; ein darauf, exakt über dem Behälter liegender Stein bildet ihren tiefsten Punkt. Im Tagesverlauf verdunstet unter der Einwirkung von Wärme die Feuchtigkeit der Grube und schlägt sich, weil ihr kein anderer Weg offensteht, an der Folie nieder. Dort rinnt sie nach unten bis zur tiefsten Stelle und tropft jetzt in den Topf!

Bereitet man die Plastikplane über Nacht aus, wird sich darauf so viel Tau niederschlagen, daß es für einen Morgenschluck reicht.

Im Winter, wenn Eis und Schnee das Land bedecken, mag die Beschaffung fester Nahrung schwierig sein, Wasser aber steht überall zur

104

Verfügung. Es genügt freilich nicht, einfach Schnee zu schlucken, er muß vielmehr vollständig im Mund geschmolzen sein, bevor man ihn schluckt. Ein am Körper getragener, schneegefüllter Plastikbeutel ist im Winter eine ordentliche »Feldflasche«, weil das darin enthaltene Wasser durch die Körperwärme schmilzt. Allerdings wird man sich wundern, wie wenig Wasser man aus einem Beutel Schnee bekommt. Auch der Kochtopf, in dem wir über dem Feuer Schnee in Wasser verwandeln, muß oft nachgefüllt werden, bevor er voll ist.

Eis ist konzentrierter, aber bei großer Kälte kann man nicht einfach eine Eisdecke durchschlagen, um an das darunter liegende Wasser zu gelangen. Das nämlich erstarrt in Sekundenschnelle zu Eis. Kleine Eisstückchen kann man im Plastikbeutel am Körper schmelzen, ansonsten hilft nur das Feuer. Glücklicherweise kommt es selten vor, daß große Kälte ohne Eis und Schnee auftritt. Dann nämlich kann man gezwungen sein, Wasser mitzuführen, statt es überall in gefrorener Form vorzufinden. Natürlich friert auch das mitgenommene Wasser im Handumdrehen und muß vor dem Trinken erst aufgetaut werden, darf also nicht im Faltkanister befördert werden, sondern gleich im Kochtopf.

Somit wären wir auf dem Umweg über das Wasser beim Kochtopf und damit beim Kochen oder, ganz allgemein ausgedrückt, bei der Zubereitung der Nahrung angelangt. Wie erwähnt werden viele Nahrungsmittel durch die Einwirkung von Hitze erst genießbar, bei anderen wird dadurch die Verdaulichkeit und die Auswertung der Nährstoffe durch den Körper verbessert, und schließlich werden viele Krankheitskeime durch die Hitze vernichtet. Es zeugt also nicht unbedingt von inniger Naturverbundenheit, wenn man seine Nahrung roh herunterschlingt.

Fleisch kann man, vereinfacht ausgedrückt, für den baldigen Genuß entweder kochen oder braten. Die bekannteste und sicherlich auch romantischste Methode ist jene, die bereits im letzten Kapitel erwähnt wurde, nämlich das Brutzeln von aufgespießten Fleischstücken an der offenen Flamme, oder das Drehen eines Bratspießes über zwei Astgabeln. Allenfalls die erste Methode kann der einsame Wanderer in der Wildnis anwenden, und auch sie ist wenig zweckmäßig, weil das so wichtige Fett in die Flammen tropft und verlorengeht. Viel besser ist es dann schon, das Fleisch in der Pfanne zu braten; das ausgebratene Fett ist so wertvoll, daß man niemals eine Pfanne auswäscht, sondern sie nach dem Braten abdeckt, damit das erstarrende Fett nicht verschmutzt und bis zum nächsten Braten dort bleiben kann. Auch unsere Hausfrauen waren früher sparsamer und wischten ihre Pfanne nach Gebrauch allenfalls vorsichtig aus. Wie man brät, und kocht wurde bereits beschrieben: mit der Glut, nicht mit der Flamme. Übrigens: Fett brennt, wenn Flammen in die Pfanne schlagen können! Braten wird man Fleisch nur dann, wenn man reichlich zu essen hat, da die Auswertung der Nährstoffe beim Kochen weitaus besser ist.

Die klassische Mahlzeit in einer Survival-Situation oder ganz allgemein in der Wildnis ist das Stew, oder, schlicht und deutsch ausgedrückt, der Eintopf. Aus zarten Pflanzen, dem Kambium von Bäumen, aus Beeren, Schnecken, kleinen Vögeln, Mäusen, Engerlingen, Fröschen, Fischen, kurz aus allem, was man unterwegs sammeln und ergattern kann, wird eine Mahlzeit zusammengekocht, die im Nährwert und in ihrer Zusammensetzung, aber auch in Ihrem Geschmack (jawohl!) das Beste ist, was uns die Wildnis zu bieten hat. Je vielfältiger die Zusammensetzung dieses Eintopfs ist, um so besser wird er; Vogeleier oder das Mark aus zerkleinerten Röhrenknochen sind besondere Leckerbissen. Salz wird zunächst vermißt und ist auch über längere Zeit hinweg für unseren Körper unentbehrlich, aber wir nehmen auf vielfache Art mit unserer Nahrung Spuren von Salz auf, und der echte Bedarf ist ungleich geringer, als wir es uns angewöhnt haben und glauben.

Um an eßbare Pflanzen und an Kleingetier zu kommen, gilt die Devise »sammeln und suchen«. Während der Wanderung oder bei Streifzügen vom Lager aus steckt man alles, was man unterwegs findet, in einen Beutel oder in eine improvisierte Umhängetasche; Lebewesen aller Art werden natürlich zuvor getötet und ggf. ausgenommen. Vom zeitigen Frühjahr bis in den späten Herbst hinein wird man mit hoher Wahrscheinlichkeit unterwegs eine voll ausreichende Mahlzeit zusammenbringen und kann meistens dann am Abend noch weniger appetitliche oder weniger schmackhafte Dinge aussortieren, weil man genug zusammengetragen hat, um satt zu werden. In der Wildnis ißt man nur eine richtige Mahlzeit am Tag, nämlich abends, weil es einfach zu lange dauert, mehrmals täglich ein Feuer zu entzünden, ausreichend geeignetes Holz zusammenzutragen, zu warten, bis es zur Glut heruntergebrannt ist, und dann das Essen zuzubereiten. Zum Frühstück kann man die Reste vom vorangegangenen Abend kalt essen, mittags finden sich vielleicht ein paar Beeren oder Nüsse; der Körper gewöhnt sich sehr schnell an diese Ernährungsweise und ist völlig zufrieden. Wer sich mit der Flora seiner Umwelt vertraut gemacht hat, wird so manche Gewürzpflanze finden, mit deren Hilfe das Essen schmackhafter wird, ebenso viele Blätter, aus denen ein gut schmeckender, teilweise auch sehr heilkräftiger Tee gebraut werden kann. Falls man nicht genug Nahrungsmittel auf dem eigentlichen Marsch findet, muß man danach suchen. In Wassernähe ist die Suche besonders erfolgversprechend, dort gibt es vielerlei Amphibien und anderes Getier sowie eßbare Pflanzen; unter Steinen verbirgt sich gern allerlei an kleineren Lebewesen, Mäuse lassen sich recht einfach ausbuddeln, und so weiter.

Im Wasser selbst leben vor allem Fische unterschiedlichster Art, die praktisch alle eßbar sind. Sie sind Lieferanten von hochwertigem tierischem Eiweiß, haben allerdings meistens wenig Fett, und sind vor allem verhältnismäßig leicht zu erbeuten. Forellen etwa kann man unter ausgespülten Uferböschungen mit der bloßen Hand greifen. Sie stehen auch dann noch völlig still, wenn die suchende Hand an ihnen entlangtastet, bis ein Griff hinter die Kiemen sie festhält; alle anderen Griffe sind zwecklos, weil die glitschigen Fische entkommen. Einen kleinen Bach kann man sperren, um die Fische am Entkommen zu hindern; hat man einen für den eigenen Genuß bereits verdorbenen Tierkadaver gefunden und wirft ihn in das Wasser, findet man dort, wenn man ihn am nächsten Tag wieder herauszieht, Aale, die sich hineinfressen – vorausgesetzt natürlich, daß Aale vorhanden sind. Auch Krebse mögen Aas. Sie gelten als Delikatesse, aber es ist wenig nahrhaftes Fleisch daran. Schließlich kann man Fische auch angeln, wozu haben wir schon in unserem Gürtel-Kit Schnur und Haken? Ein Netz zu knüpfen oder eine Reuse zu flechten erübrigt sich in den meisten Fällen, sodaß nicht weiter darauf eingegangen werden soll.

Da gerade von einem Kadaver als Köder für Aale und Krebse gesprochen wurde: Tiere aller Art und Größe kann man anködern und sie mit Fallen erlegen. Da dies die einzige Möglichkeit ist, auch größere Tiere ohne Waffen zu erbeuten, muß etwas ausführlicher darauf eingegangen werden.

Die bekanntesten Fallen sind Schlingen und Fallgruben. Während eine Fallgrube wenig praktischen Wert für uns hat, weil sie unverhältnismäßig viel Zeit und Arbeit bei höchst ungewissen Erfolgsaussichten kostet, sind Schlingen außerordentlich wirkungsvoll. Unter Jägern gelten sie als denkbar unwaidmännisch, Schlingensteller sind in Jägerkreisen eine besonders minderwertige und abscheuliche Gattung des homo sapiens, aber wenn es um das nackte Überleben geht, dürfen solche Bedenken getrost übergangen werden. Mit einer Schlinge kann man selbst Rotwild und noch größere Tiere fangen, aber dazu bedarf es schon eines sehr kräftigen Stricks; ideal sind Schlingen zum Fang von Tieren in der Größe zwischen Kaninchen und Reh. Bestehen Bedenken, daß die Schnurstärke ausreicht, kann man aus der vorhandenen Schnur einen stärkeren Strang flechten oder sie einfach doppelt nehmen. Schlingen stellt man auf regelmäßig begangenen Wechseln, möglichst an Zwangswechseln, die kein seitliches Ausweichen zulassen. Je nach Größe des zu fangenden Tieres soll der untere Rand der Schlinge in Brusthöhe liegen, der obere über der Kopfhöhe; die Schlinge wird so aufgehängt, daß sie in beiden Richtungen abgestreift werden kann. Besonders wirkungsvoll sind Schlingen, wenn die Beutetiere getrieben werden, weil sie dann weniger

Schlingen stellt man gut getarnt an Wechsel. Besonders wirkungsvoll sind sie, wenn ein heruntergebogener Baum sie zusammenzieht, nachdem das Wild die Sicherung (hier übertrieben groß gezeichnet) ausgelöst hat.

vorsichtig sein können und die Schlinge sich zuverlässiger um ihren Hals schließt. Man wird sich nicht auf eine einzig Schlinge verlassen, sondern mehrere stellen, um die Wahrscheinlichkeit zu erhöhen, auch wirklich Beute zu machen und nicht leer auszugehen. Selbstverständlich muß die Schlingenschnur gut festgebunden sein; die Wirkung wird erhöht, wenn man sie an die Spitze eines jungen, heruntergebogenen Baumes bindet, der in dieser Position so festgeklemmt wird, daß er durch das Zerren des Beutetieres befreit wird und hoch schnellt.

Die sinnvollste Alternative zur Schlinge ist für Survival-Zwecke eine Totschlagfalle nach dem Prinzip der Scheren-, Baum- oder Prügelfallen, bei der ein der Größe des Beutetieres angemessenes Gewicht durch einen Auslösemechanismus in der Schwebe gehalten wird. Ein daran angebrachter Köder lockt das Beutetier an, das die gesamte Konstruktion zum Einsturz bringt und erschlagen wird, sobald es den Köder berührt. Der Auslösemechanismus ist aus drei Hölzern relativ einfach herzustellen; mit dieser Totschlagfalle kann man Tiere aller Größen erbeuten, wenn sie sich anködern lassen und das Gewicht groß genug ist. Spannt man einen Stolperdraht, der statt des Köders für ein Auslösen der Falle sorgt, kann man auch große Pflanzenfresser auf ihrem Wechsel damit erlegen.

Das ist auch nötig, wenn man befürchten muß, den Winter in der Wildnis verbringen zu müssen. Zu diesem Zweck müssen größere Vorräte angelegt werden, und selbst wenn pflanzliche Nahrungsmittel in

Zwei Fallen, die ausgelöst werden, sobald das Wild am Köder zieht. Ein flacher Stein unter dem angespitzten Holz verhindert, daß sich der Stock in den Boden bohrt.

Hülle und Fülle verfügbar sind und auch reichlich Fische, Hasen und anderes Kleinwild erbeutet wurden, hilft ein einziger erlegter Großsäuger natürlich enorm, die langen Monate zu überleben, bis die Natur wieder erwacht und wir frische Nahrung finden können. Meistens wird man bemüht sein, sich in einem solchen Fall eine feste Unterkunft zu bauen, wie sie im nächsten Kapitel beschrieben wird, sodaß das Gewicht der Wintervorräte keine Rolle spielt; rechnet man eine Versorgungsperiode von sechs Monaten und einen Tagesbedarf von ein bis zwei Kilogramm frischer Nahrung, wären das rund sechs Zentner.

Wer gezwungen ist, auch im Winter zu marschieren, muß seine Nahrungsvorräte auf einem selbst gebauten Schlitten transportieren. Da auch noch täglich eine größere Menge halbwegs trockenen Brennholzes für das nächtliche Feuer gesammelt werden muß und oft wohl auch eine primitive Nachtunterkunft nicht zu umgehen sein wird, die Tagesstunden jedoch in nordischer Wildnis nur sehr kurz sind, lohnt eine solche riskante Gewalttour aber nur selten.

Das Gewicht der Wintervorräte wird gewaltig reduziert, wenn ihnen ihr Wasseranteil möglichst weitgehend entzogen wird. Das aber ist das Prinzip der uns in der Wildnis zur Verfügung stehenden Konservierungsmethoden. Die Nahrungsmittel tierischen oder pflanzlichen Ursprungs enthalten zwischen etwa 50 und 85 Prozent Wasser, das dafür verantwortlich ist, daß ein Verwesungsprozeß einsetzt.

Wasser wird vor allem durch Trocknung entzogen, wobei es darum geht, schneller zu sein als die Fäulnisbakterien. Samen, auch Nüsse aller Art, sind schon sofort oder doch nach sehr kurzer Zeit der Trocknung lagerbar, Beeren müssen ebenso wie frisches Grünzeug häufig gewendet und ausgebreitet werden, um so schnell wird möglich ihr Wasser zu verlieren, desgleichen Pilze. Ein Luftzug hilft ebenso wie pralle Sonne, aber auch die Hitze des Feuers.

Manche Pflanzen, die Stauden, Farne u.a., sterben im Herbst oberirdisch ab, während die unterirdischen Pflanzenteile überwintern und im nächsten Frühjahr neu austreiben. Dazu sind hochwertige Nährstoffe angesammelt und eingelagert worden, die bei kühler Aufbewahrung lange haltbar sind. Denken wir nur an die Kartoffeln, aber auch an Zwiebeln oder Karotten. Hier erübrigt sich eine Konservierung.

Pflanzliche Nahrungsmittel sollten jedenfalls einen Teil unserer Ernährung bilden, weil sonst in den langen Wintermonaten bei ausschließlicher Fleischkost Mangelerscheinungen auftreten, von denen die bekannteste Krankheit der Skorbut ist. Außerdem benötigen unsere Verdauungsorgane pflanzliche Ballaststoffe. Dennoch wird unsere Ernährung überwiegend aus Fleisch bestehen, wobei Fische mit dem Fleisch von Beutetieren gleichgesetzt sein sollen. Insbesondere die Lachse sind berühmt dafür, im Herbst in schier unvorstellbaren Mengen stromaufwärts ihren Laichplätzen entgegenzustreben und können dann mit wenig Mühe in fast beliebiger Menge erbeutet werden. Lachse haben gegenüber vielen anderen Fischen wie etwa Forellen den Vorteil, sehr fett und damit besonders wertvoll zu sein. Die gewaltige Menge an hochwertiger Nahrung, die in verhältnismäßig kurzer Zeit anfällt, wird durch Räuchern haltbar gemacht. Das Prinzip dabei ist klar: die Fische werden ausgenommen und aufgehängt. Dann wird ein Feuer entzündet und mit viel frischem Grünzeug Rauch erzeugt, der viele Stunden lang auf die Fische einwirkt. Im Zweifelsfall ist es besser, zu lange als zu kurz zu räuchern. Die direkte Hitze, die die Fische erreicht, darf nicht zu groß sein. Mit etwas Glück kann man in nordischer Wildnis den gesamten Winterbedarf durch den Lachsfang weniger Tage decken, wobei die Zeit des Räucherns bereits berücksichtigt ist!

Haben wir, wie auch immer, einen Großsäuger erbeutet, einen Hirsch oder einen Bären etwa, müssen wir ihn zunächst einmal »versorgen«, wie die Jäger es nennen. Wir müssen ihn ausnehmen, ihm das »Fell über die Ohren ziehen« und das Fleisch in handliche Portionen zerteilen. Im Prinzip gilt das natürlich auch für kleinere Tiere, aber dort ist es wesentlich einfacher. Immerhin mag die folgende »Gebrauchsanweisung« auch für Hasen, Kaninchen und andere Kleinsäuger Anwendung finden.

Zunächst einmal öffnet man vorsichtig die Bauchdecke – vorsichtig, damit der dahinter liegende Magen nicht beschädigt wird und seinen Inhalt in die Bauchhöhle ergießt. Nach hinten wird der Schlitz bis zum After geführt, wobei die Geschlechtsorgane entfernt werden; nach vorn öffnet man die Bauchdecke bis zu den Brustknochen. Diese werden mit dem Beil aufgeschlagen (bei kleineren Tieren kann man auch dazu das Messer verwenden), dann setzt man den Schnitt bis zum Kinnknochen fort. Das Tier ist nun an seiner gesamten Unterseite von der Kinnspitze bis zum After (dem »Waidloch« in der Jägersprache) geöffnet. Jetzt wird am Unterkiefer die Zunge samt daran hängender Luft- und Speiseröhre (»Drossel« und »Schlund«) ausgelöst und mit der einen Hand nach hinten gezogen, während die andere Hand mit dem Messer alle Widerstände beseitigt. Das gilt vor allem für das Zwerchfell. Schließlich hat man den Strang mit allen Innereien nach hinten aus dem auf dem Rücken liegenden Tierkörper herausgezogen. Nun wird das »Schloß« mit dem Beil aufgeschlagen, nämlich der zusammengewachsene Beckenknochen, und dann der After ausgeschnitten, sodaß der Strang mit allen Innereien von der Zunge bis zum After in einem Stück nach hinten herausgezogen werden kann. Im Prinzip sind alle Innereien verwertbar; bei Raubtieren ist die Gefahr des Trichinenbefalls gegeben, aber glücklicherweise sind nur wenige Tiere befallen, und es sind ja auch nur wenige Raubtiere, wie z.B. Bären, die gegessen werden. Übrigens: auch unsere europäischen Wildschweine können Trichinenträger sein. Außer Leber, Nieren, Herz und Zunge werden die anderen Innereien wohl nur dann gegessen, wenn wirklich die Notwendigkeit dazu zwingt, und die wird ja bei einem derart großen Beutetier nur selten gegeben sein.

Die Därme von Schlachttieren werden bekanntlich als Wursthäute verwendet, nachdem sie gereinigt worden sind. Sicherlich könnte man auch in der Wildnis mit einem entsprechenden Füllsel eine brauchbare Wurst herstellen, aber diese Form der Konservierung von Fleisch ist dort unüblich. Nachdem das Beutetier »aus der Decke geschlagen« worden ist (bei kleineren Tieren spricht der Jäger von Abbalgen), was tatsächlich mehr durch Schlagen und Drücken als durch Schneiden geschieht, zerlegt man zunächst den Tierkörper in handlichere Portionen. Dabei kommt es nicht unbedingt darauf an, sauber nach Plan zu arbeiten und Keulen und Blätter gemäß dem Verlauf der Fleischfasern herauszulösen, die Rippenstücke abzuschlagen und den Rücken zu zerteilen. Hingegen ist es wichtig, anschließend kleinfingerdicke, gleichmäßige Streifen möglichst quer zum Verlauf der Fleischfasern zu schneiden, die mit einem kleinen Abstand zueinander auf Schnüren aufgereiht werden. Falls es noch Fliegen gibt, sollte unter den aufgehängten Schnüren ein Feuer entzündet werden, dessen Rauch die Fliegen vertreibt, jedoch nicht unbedingt das Fleisch räuchern muß. Wohl schadet das nichts, und die vom Feuer aufsteigende Wärme beschleunigt den Trocknungsprozeß, aber die eigentliche Konservierung erfolgt durch Trocknung, nicht durch Räuchern. Man verwendet vorwiegend fettarmes Muskelfleisch. Allmählich schrumpft es immer mehr zusammen und verliert etwa zwei Drittel seines ursprünglichen Gewichtes. Die harten, dünnen Fleischstangen, die man erhält, werden in der nordamerikanischen Wildnis als »Jerky« bezeichnet und halten sich sehr lange; man kann sie kauen, sie in den Eintopf tun oder in winzige Fasern zerstoßen – wozu, werden wir gleich sehen.

Alles Fett hat besonderen Wert. Reines Fett erhält man, indem Fettgewebe »ausgelassen« wird. Man erhitzt es, bis das Fett flüssig wird, und fischt dann die festen Gewebeteilchen heraus. Das Resultat ist das, was wir vom Schwein her als Schmalz kennen. Mischt man solches Fett mit fein zerstoßenem Jerky, und fügt zur Geschmacksverbesserung getrocknete und zerkleinerte Beeren oder Würzpflanzen hinzu, erhält man das berühmte Pemmikan der Indianer, das als eine Art Dauerwurst gelten kann, außerordentlich nahrhaft und sehr haltbar ist. Es wird in Blasen oder Därmen großer Beutetiere – so vorhanden – aufbewahrt und kann ganz nach Belieben gebraten, gekocht oder roh gegessen werden, allein oder zusammen mit anderen Nahrungsmitteln. Pemmikan ist bei den Indianern die klassische Grundlage der Ernährung im Winter neben geräucherten Lachsen; so delikat (und teuer) geräucherter Lachs auch sein mag, man ißt sich bald daran über, wenn er ausschließlich gegessen werden soll, während Pemmikan durch die vielfältigen Möglichkeiten der Zubereitung besser als Dauernahrung geeignet ist.

Sofort gegessen werden die Innereien – Leber, Nieren, Herz, Zunge und das Hirn, falls es nicht zum Gerben benötigt wird – und, falls das Fleisch so lange hält und nicht verdirbt, besonders zarte Stücke wie die Lenden. Von hohem Nährwert und auch einige Zeit haltbar ist das in den Röhrenknochen eingeschlossene Knochenmark. Entweder spaltet man die rohen Knochen mit dem Beil und wirft das Mark in den Eintopf, oder man erhitzt die Knochen samt Mark in der Glut des Feuers, spaltet sie anschließend und ißt das Mark. Auch Blut kann in vernünftigen Mengen, frisch oder geronnen, eine Bereicherung des Eintopfs sein.

Einen Vorteil hat ein wirklich kalter Winter, wie er bei uns sehr selten vorkommt, im Binnenklima von Nordamerika und Kanada hingegen regelmäßig ist. Man hat eine riesige Tiefkühltruhe, und das Tiefgefrieren ist die bisher beste Konservierungsmethode. Allerdings kann man nur bei Temperaturen ab 18 Grad unter Null einen echten Tiefkühleffekt erwarten, ansonsten sollte man lieber Vergleiche mit einem Kühlschrank anstellen. Wie dem auch sei, Kälte konserviert alle Nahrungsmittel, tierische wie pflanzliche, vorzüglich.

Sicherlich haben Sie mittlerweile bereits festgestellt, welche überragende Rolle ein Kochtopf und eine Bratpfanne spielen. Fehlen sie, wird die Ernährung ungleich schwieriger, wir werden wesentlich mehr Zugeständnisse machen und Kompromisse eingehen müssen. Die im Tagesverlauf während des Marsches gesammelten Kleintiere und Pflanzen müssen roh verzehrt werden, was bei Raupen, Würmern und Schlangen nicht sehr appetitlich ist; außerdem können viele Pflanzen im Rohzustand nur unzulänglich verdaut werden und man kann sich keinen Tee aus Heilpflanzen brauen.

Fische kann man in eine dicke Schicht grüner Blätter einwickeln und in der Asche auf die gleiche Weise backen, wie das bei den herbstlichen Kartoffelfeuern unserer Bauern geschieht. Wählt man die richtigen Blätter, verbessern sie sogar den Geschmack.

Vögel und Stacheltiere wie unseren Igel oder das amerikanische Stachelschwein umhüllt man mit einer dicken Lehmschicht oder, falls kein Lehm vorhanden ist, mit einem aus Wasser und Erde angerührten, zähen Brei, nachdem man sie ausgenommen hat. Dieser gefüllte Lehmklumpen kommt in die Glut, wird allseitig damit bedeckt und ein bis zwei Stunden der Hitze ausgesetzt. Danach holt man ihn heraus, zerschlägt die hart gewordene Hülle und entfernt sie, wobei die Federn bzw. Stacheln, die in der Lehmschicht festgebacken sind, gleichzeitig mit den Lehmscherben abgehen.

Es ist sogar möglich, ohne Topf zu kochen, allerdings so umständlich, daß es während eines Marsches wohl kaum praktikabel ist. Auf den »Eintopf« muß man dann ohne Topf verzichten, Wasser kann man nicht abkochen, auf mancherlei Pflanzen muß man verzichten, weil entweder die darin enthaltenen Giftstoffe nicht durch das Kochen neutralisiert werden oder die Pflanzen ungekocht nicht von uns verdaut werden können. Eigentlich soll es sogar zwei Methoden geben, ohne Topf zu kochen, aber eine, die theoretisch einfachere, ist dem Autor nie gelungen. Dazu weicht man Birkenrinde in Wasser ein, bis sie schmiegsam geworden ist, und formt daraus ein Gefäß, das vernäht wird, entweder mit Faden oder mit Weidenrinde, Fichtenwurzeln oder dergleichen. Dieses Gefäß wird mit Flüssigkeit gefüllt und so über das Feuer gehängt, daß die Flammen nicht über den Flüssigkeitsspiegel hinausschlagen. Tatsächlich brennt das Gefäß dann nicht, die Schwierigkeit liegt nur darin, daß es kaum dicht zu machen ist.

Die zweite Methode ist umständlicher, klappt aber ohne Probleme. Eine Grube wird ausgehoben und mit dem Fell eines Beutetieres so ausgelegt, daß die Fleischseite nach innen kommt. Diese Grube wird mit Wasser gefüllt. Auf den Boden kommen zunächst kleinere, runde Steine, dann werden alle zu kochenden Nahrungsmittel eingefüllt. Schließlich erhitzt man dickere Steine in einem Feuer, bis sie glühend heiß sind, und legt sie dann in die Brühe, an die sie ihre Hitze abgeben. Da sie auf den kleinen Steinen am Boden aufliegen, brennen sie dort nicht durch das Fell. Bei Bedarf werden sie ausgetauscht, bis die Brühe kocht bzw. ausreichend lange gekocht hat. Die Methode funktioniert auch mit dem Poncho oder der Plastikplane statt eines frischen Felles, aber hier ist besonders Vorsicht geboten, um mechanische Beschädigungen und Verbrennungen zu vermeiden.

8. Das »Dach über dem Kopf«

Wenn die Beherrschung des Feuers den Beginn der Menschwerdung bedeutet, dann ist die Benutzung einer festen Behausung wohl der Beginn einer jeden Zivilisation. Erst als die Menschen ihre Nahrung nicht mehr als streifende Horden sammelten und erjagten, sondern Ackerbau und Viehzucht betrieben und deshalb seßhaft werden mußten, konnten sie eine Zivilisation entwickeln. Nomadisierende Völker ohne feste Behausung vermochten kaum eine Kultur, geschweige denn eine Zivilisation zu entwickeln.

Der Instinkt, sich eine schützende Behausung zu bauen, ist tief in uns verankert. Schon Kinder bauen sich aus Möbeln und Decken ihre »Höhlen«; wenn sie das Glück haben, auf dem Lande aufzuwachsen, bauen sie sich an verborgenen Stellen ihre Hütten, Buden und Höhlen. Wir Erwachsenen werfen alle wirtschaftlichen Überlegungen über Bord und bauen uns ein Haus, für das wir über dreißig Jahre lang erhebliche Opfer bringen müssen und dessen monatliche Belastung in den meisten Fällen weitaus größer ist als die Miete einer vergleichbaren Wohnung.

Gemauerte Häuser, wie sie bei uns überwiegend zu finden sind, gehören schon zu den anspruchsvollen Bauwerken, und obwohl Gebäude aus Stein seit Jahrtausenden bekannt sind, setzen sie doch im allgemeinen eine gewisse Zivilisation und damit eine entsprechende Spezialisierung der Menschen voraus. Die letzte größere Bevölkerungsgruppe unseres Kulturkreises, die eine primitive Pionierzeit durchlebte, waren die amerikanischen Siedler bis in den Beginn unseres Jahrhunderts hinein. Jeder ordentliche Siedler mußte in der Lage sein, mit dürftigem Handwerkszeug ganz allein ein Blockhaus zu bauen, das ihm und seiner Familie Jahrzehnte lang Schutz vor Witterungsunbill bot. Weitaus wichtigstes Werkzeug war die Axt; Holz war reichlich vorhanden und der einzige wirklich notwendige Werkstoff – lediglich der Kamin mußte gemauert werden, und Fensterscheiben aus Glas sowie ein paar eiserne Beschläge waren der einzige käuflich zu erwerbende Luxus. Ein Siedler in der Wildnis war praktisch völlig autark und damit das, wovon heute die Anhänger eines alternativen Lebens nur träumen. Getreide, Gemüse und Obst lieferten Feld und Garten; aus dem Wald holte man sich Brenn- und Bauholz sowie Beeren, Wildpret, Pilze, Heilkräuter und vielleicht sogar den Honig wilder Bienen oder aber Ahornsirup; ein paar Schweine, eine oder zwei Kühe sowie Kleinvieh bildeten eine sichere Ernährungsgrundlage, Pferde halfen bei der Arbeit, Schafe lieferten Wolle für die Kleidung. Mensch und Tier lebten in zwar primitiven, aber dauerhaften und zweckmäßigen, selbst gebauten Blockhäusern. Nur ganz wenige Dinge gab es, die man sich kaufen mußte, wenn man einen gewissen bescheidenen Luxus haben wollte: Pulver und Blei für das Gewehr, etwas Salz zum Würzen und zum Konservieren, vielleicht Petroleum für eine Lampe, wenn man sich mit Wachskerzen nicht begnügen wollte. Das Geld dafür war leicht aus dem gelegentlichen Verkauf eines Schlachttieres oder den im Winter gefangenen Pelztieren zu erlösen.

Diese Entwicklungsphase, die in unserem viel länger und dichter besiedelten Europa bereits Jahrhunderte zurückliegt, ist in abgelegenen Gegenden Amerikas teilweise noch heute bei alten Leuten in recht guter Erinnerung. Wahrscheinlich wäre ihr Wissen mit ihnen gestorben und damit verloren gewesen, wenn nicht Versuche unternommen worden wären, die Erinnerungen dieser alten Leute über vielerlei Handfertigkeiten des selbstgenügsamen, einfachen Lebens in abgelegenen Gegenden aufzuzeichnen. Aus den ersten schüchternen Anfängen sind mittlerweile mehrere Bücher entstanden, seit 1967 gibt es sogar eine Zeitschrift, die sich ausschließlich mit dem Leben der Pionierzeit befaßt. Bücher wie Zeitschrift tragen den Titel »Foxfire«. Es ist in der Tat erstaunlich und interessant für uns Kinder einer Zivilisation, die auf Spezialisierung und käuflicher Dienstleistungen basiert, daß erst vor wenigen Jahrzehnten Menschen sich in allen Lebenslagen selbst zu helfen wußten und dabei relativ behaglich leben. Die Beschreibung des Blockhaus-Baues und des Kamins in diesem Kapitel beruhen auf den Schilderungen der Foxfire-Bücher, die für Leute eine recht nützliche Lektüre sind, bei denen die Möglichkeit besteht, daß sie sich in einer Survival-Situation einmal selbst helfen müssen. Leider sind diese Bücher nur in Englisch erhältlich.

Auch heute noch gibt es in einigen Gegenden der Welt Nomaden, deren einzige Behausung das Zelt ist und die sich ständig auf Wanderschaft befinden. Ähnlich ergeht es ja auch uns, wenn wir uns plötzlich in einer Survival-Situation befinden und zurück zur Zivilisation marschieren. Eine selbst gebaute, feste Behausung ist nur selten in einer Survival-Situation sinnvoll; wir kommen noch darauf zurück. Für den Wanderer in der Wildnis ist eine Behausung meistens nur ein Provisorium für eine Nacht, das ihn vor Niederschlägen und in Verbindung mit den Lagerfeuer vor nächtlicher Kühle schützen soll. Ein solches Provisorium muß rasch zu erstellen sein und ist natürlich ein Kompromiß, dessen Witterungsschutz weitaus schlechter ist als jener einer dauerhaften Behausung, aber für eine Nacht oder auch für eine mehrtägige Schlechtwetter-Periode meistens ausreicht.

Bei nicht allzu extremen Witterungsverhältnissen bietet die Wildnis viele Möglichkeiten, rasch und mit wenig Aufwand ein ausreichendes Nachtlager aufzuschlagen. Man wird sich bemühen, den natürlichen Gegebenheiten Rechnung zu tragen. Sehr praktisch ist auch ein großer Nadelbaum mit tief herabhängenden Zweigen. Wenn man diese dichten Zweige an der Windseite bis zum Boden herunterzieht und dort mit Steinen beschwert sowie gegebenenfalls noch andere Zweige dazwischensteckt, hat man einen recht wirkungsvollen Witterungsschutz. Störende Zweige tief unten am Stamm sind meist abgestorben, werden abgeschlagen und dienen gleich als Brennholz; das Feuer wird dicht am Stamm enzündet, sein Rauch kann ungehindert nach oben durch die Zweige abziehen, während es sehr lange dauert, bevor ein Teil der Regentropfen das Nadelwerk durchdringt. Wenn man mit diesem »Baumzelt« etwas mehr Aufwand betreibt, kann man auch längere Zeit recht gut darin leben; Schnee schadet nicht, sondern dichtet im Gegenteil einen Teil der Wände gut ab. Hauptnachteil dürfte die Tatsache sein, daß der größte Teil der Wärme des Feuers oben im Geäst des Baumes entschwindet und nicht gespeichert wird wie in einer Hütte.

Mit einem gleichfalls geringen Aufwand läßt sich die Wurzelscheibe eines vom Wind umgestürzten Baumes in ein brauchbares Quartier verwandeln, das weniger gut als das Baumzelt für einen Dauerregen, aber besser als Schutzbehausung bei niedrigen Temperaturen geeignet ist. Allerdings wird man sich nicht, wie es eigentlich naheliegend zu sein scheint, in der ehemals von den Wurzeln eingenommenen Grube einigeln, sondern auf der anderen, der Stammseite, einrichten. Natürlich würde sich das Wasser bei Regenfällen in der Wurzelgrube sammeln, es wäre dort recht feucht. Außerdem liegen die Stämme ja logischerweise meistens in der Haupt-Windrichtung, und es gilt bei jeder Behausung der Grundsatz, die Windseite zu schließen bzw. zu schützen. Wenn die Krone bis zum Boden gestürzt ist und sich nicht im Geäst anderer Bäume verfangen hat, ist die Wurzelscheibe etwas geneigt und bietet dicht an der Stammbasis einen ordentlichen Regenschutz, der noch durch ziegelartig übereinandergelegte Nadelholz-Zweige und etwas Buddelei verbessert werden kann. Brennholz bietet der umgestürzte und abgestorbene Baum reichlich, und die Wärme des im Windschutz der Wurzelscheibe brennenden Feuers wird von dieser hervorragend reflektiert, sodaß sich auch bei niedrigen Temperaturen in einem solchen Nachtquartier gut aushalten läßt. Wer eine Schlechtwetter-Periode

Umgestürzte Bäume können durch dagegen gelehnte Nadelholzzweige zu einem »Indianerlager« ausgebaut werden, während die Wärme des Feuers von der Wurzelscheibe reflektiert wird.

abwarten will, kann überdies unter dem Stamm dicht an der Wurzel-scheibe, aber hinter dem Feuer, ein »Indianerlager« einrichten, wie es noch beschrieben wird.

Noch besser, aber auch relativ selten zu finden, sind regelrechte Höhlen oder überhängende Felswände. Bei Höhlen muß man sich allerdings vor »Mitbewohnern« hüten, denn allerlei unangenehmes Getier, wie Gift-schlangen und Raubtiere, sucht hier ebenso gern wie wir Schutz vor der Witterung. Außerdem muß ein Rauchabzug für das Feuer vorhanden sein. Eine überhängende Felswand reflektiert wohl die Wärme des Feuers und bietet Schutz nach oben, aber man sollte daran denken, daß das Sprichwort »alles Gute kommt von oben« keine uneingeschränkte Gültigkeit hat, und sich vergewissern, daß keine Steine oder gar Fels-brocken herunterkommen.

Das bereits erwähnte »Indianerlager« besteht aus einer kräftigen, etwa drei Meter langen Holzstange, deren eine Seite in Windrichtung auf dem Boden liegt, während die andere Seite etwa in Meterhöhe auf den Astansatz eines Baumes aufgelegt oder durch gegabelte Äste hochgehal-ten wird. Die Seiten werden durch schräg dagegen gelehnte Stöcke und schindelartig darübergelegte Fichtenzweige gebildet, wobei es hilft, wenn an der langen Stange Aststümpfe stehengelassen wurden. Vor dem Eingang wird das Feuer entzündet, und man schläft in dem körperlangen, verhältnismäßig schmalen »Indianerlager« mit dem Kopf zum Feuer. Erstens kann man die Füße leichter vor Kälte schützen als den Kopf, zweitens muß man während der Nacht Holz nachlegen, wozu man zweckmäßigerweise liegenbleibt, so daß Brennholz und Feuer in Reichweite sein müssen, und drittens kann man im Notfall dann schnel-ler das Lager verlassen oder sich verteidigen.

Mit unserem Gürtel-Kit sind wir weitgehend unabhängig von solchen improvisierten Nachtquartieren bei unserem Marsch durch die Wildnis. Die aufgespannte Rettungsdecke bietet einen absolut zuverlässigen Regenschutz, und die dem Feuer zugewandte alubedampfte Seite reflek-tiert die Wärme besser als alle natürlichen Schirme, sodaß man weder naß wird noch friert. Zudem ist die Decke im Handumdrehen aufge-spannt. Allerdings muß die Rettungsdecke sorgsam vor Funkenflug geschützt werden und ist auch gegen mechanische Beschädigungen empfindlich. Deshalb sollte man sie erst aufspannen, wenn das Feuer etwas heruntergebrannt ist.

Wer sich von Anfang an auf eine Wanderung durch die Wildnis vorbe-reitet, wird ein Zelt mitnehmen, falls die zu erwartenden Temperaturen so sind, daß man ohne Wärme eines Feuers auskommen kann. Leider sind fast alle Zelte, von wenigen, dem Autor bekannten Ausnahmen abgesehen, nur von einer Schmalseite her zugänglich. Im Gegensatz zu dem »Indianerlager« muß man aber einen Respektabstand zum Feuer halten, damit das Zelt nicht durch Funkenflug Löcher bekommt. Man kann sich helfen, wenn man das Zelt mit grünen Zweigen schützt, wie das oft auf Fotos von Wildnislagern zu sehen ist; fälschlicherweise wird dann angenommen, die Zweige dienten der Tarnung.

Man darf also nicht hoffen, ein Zelt durch ein Lagerfeuer erwärmen zu können. Besser wäre jedenfalls ein Zelt, bei dem statt der zu öffnenden Schmalseite eine Längsseite hochgeklappt werden könnte. In einem solchen Zelt würde man weiterhin längs liegen, es aber mit der geöffneten Langseite zum Feuer hin ausrichten und könnte diese entweder aufrollen oder als Regenschutz aufspannen. Die hintere Zeltwand würde die Wärme des Feuers reflektieren, das ganze Zelt wäre eine etwas aufwendigere, aber im Prinzip gleiche Konstrunktion wie die aufgespannte Rettungsdecke.

Amerikanische Waldläufer verwenden seit Jahrhunderten bis in den späten Herbst hinein ein Primitivzelt, das uns zunächst denkbar ungeeignet erscheinen wird. Dieses »Shanty-Zelt« ist nämlich an einer Seite

Die über zwei Leinen oder Schnüre gehängte Rettungsdecke schützt vor Regen und reflektiert die Wärme des Feuers.

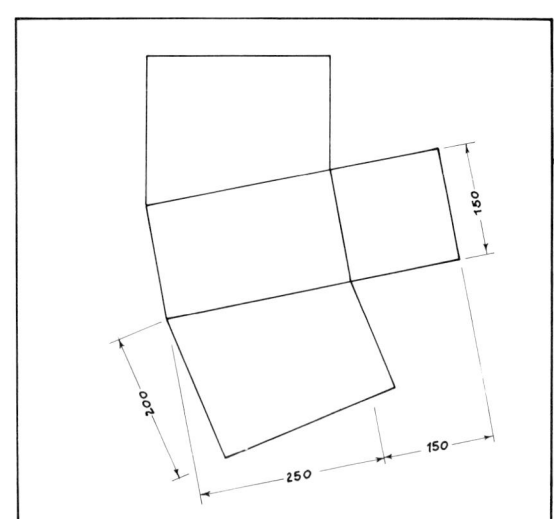

Das »Shanty«-Zelt ist auch für einen längeren Aufenthalt in der Wildnis gut geeignet. Die automatische Holzrutsche reflektiert gleichzeitig die Wärme des Feuers.

Grundriß der Plane eines »Shanty«-Zeltes; dieses Zelt genügt für zwei Personen.

völlig offen, und ausgerechnet diese Seite ist am höchsten, während das Zelt zur Rückseite hin abfällt. Es besteht aus einer einzigen, entsprechend zugeschnittenen Plane und erinnert vor allem in den kleineren Ein-Mann-Ausführungen an das bereits beschriebene improvisierte »Indianerlager«. Ebenso schläft man auch darin: mit den Füßen zur niedrigen Rückseite und dem Kopf nach vorn. Wenn man das »Shanty-Zelt« mit grünen Zweigen vor Funkenflug schützt, kann man auch das Feuer so dicht davor anlegen, daß man während der Nacht Holz nachschieben kann, ohne aufzustehen. Es gibt auch größere »Shanty-Zelte« für mehrere Personen, die dann an der Rückwand, die Stehhöhe hat, schlafen; ein kleines Feuer kann bei diesen Großzelten im Vorderteil unterhalten werden, wo es auch vor Regen geschützt ist und man deshalb bequem und angenehm Mahlzeiten zubereiten kann. Der Rauch zieht durch das ansteigende Dach nach vorn ab; außerdem gehört es ja zu den elementarsten Dingen bei der Anlage eines Lagers, die offene Seite zum Windschatten hin auszurichten, sodaß der Rauch weggeweht wird und Regen nicht hineingetrieben werden kann.

Es ist erstaunlich, wie zweckmäßig und bequem ein solches »Shanty-Zelt« ist. Die für das Gerüst erforderlichen Holzstangen sind überall in der Wildnis rasch zurechtgeschlagen, sodaß bei einer Wanderung nur die Plane transportiert werden muß. In der nordamerikanischen Wildnis soll dieses »Shanty-Zelt« noch einen weiteren, beachtlichen Vorteil haben: allen Ernstes wird behauptet, dort dürfe ein Zelt keine den First stützende Mittelstange im Eingang haben, weil sonst ein in Abwesenheit der Bewohner das Lager besuchender, neugieriger Bär sie umrennt, sodaß das Zelt auf ihn fällt. Verständlicherweise gerät Meister Petz dann in Panik und fetzt alles kurz und klein, um sich wieder zu befreien. Hingegen soll bei einem offenen Zelt, das ihm ungehindert Einlaß gewährt, die gute Chance bestehen, daß er sich damit begnügt, die Nahrungsmittel zu vertilgen, und die Zerstörung sich in Grenzen halten. Bei einem längeren Aufenthalt wird man zweckmäßigerweise gegenüber dem Eingang und hinter dem Feuer einen Reflektor bauen, der den Eingang zusätzlich schützt und die Wärme des Feuers dort konzentriert. Dazu schlägt man etwa meterlange Pfähle in den Boden und schichtet dazwischen dünne Baumstämme auf.

Was soll man tun, wenn man in verschneitem Gelände übernachten muß? Um die Sache noch schwerer zu machen, sei angenommen, daß ein Schneesturm droht und wirkliche Kälte herrscht, so von 20 Grad Celsius an abwärts, minus natürlich. Die Antwort drängt sich auf: einen

Eskimo-Iglu bauen, wenn man kann. Richtig – wenn man kann! Ein Iglu ist nämlich nicht nur ein bemerkenswert kunstvolles Bauwerk, das Wissen, Erfahrung und Geschick verlangt, sondern man benötigt dazu auch ganz bestimmten, sehr fest zusammengepreßten Schnee, den man praktisch nur in polaren Gebieten findet.

Wenn ein großer Nadelbaum mit tief herabhängenden Zweigen in der Nähe ist, wie wir ihn schon bei unserem »Baumzelt« kennen gelernt haben, richten wir uns darunter ein. Um den Stamm herum wird der Schnee bis zum Boden ausgehoben und nach außen aufgeschichtet, so daß man am Stamm geschützt in einem Schneeloch sitzt. In diesem Schneeloch kann ein Feuer entzündet werden, außerdem kann seine Oberseite durch darübergelegte Stangen, Äste und abgeschlagene frische Nadelholzzweige ganz oder teilweise abgedeckt und mit darübergeworfenem Schnee abgedichtet werden. Vorübergehend könnte man dazu auch die Rettungsdecke nehmen, aber die wird man später anderweitig benötigen, um den Körper vor dem durch die Wärme des Feuers entstehenden Schmelzwasser zu schützen. Je kleiner unser Schneeloch ist, um so leichter ist es zu erwärmen. Die Zweige des Nadelbaumes sind ein guter Windschutz und tragen den größten Teil der Schneelast.

Das Feuer wird Schwierigkeiten bereiten, schmilzt doch durch seine Wärme der Schnee und die zu Eis erstarrte Bodenfeuchtigkeit. Deshalb muß es auf einer Plattform aus grünem Holz entzündet werden. Um das Feuer herum schichtet man Brennholz auf, das auf diese Weise zum späteren Gebrauch trocknet. Es ist sogar möglich, mit Hilfe der Plattform, die übrigens nicht groß sein muß, auf einer Schneedecke ein Feuer zu entzünden. Allerdings sinkt die Plattform dabei immer tiefer, weil der darunter liegende Schnee schmilzt, und sie muß von Zeit zu Zeit wieder waagrecht ausgerichtet werden, weil die nicht miteinander verbundenen Knüppel ungleichmäßig absinken.

Die Anlage eines komfortablen Schneeloches unter dem Schutz eines Nadelbaumes dauert einige Zeit, zumal dann, wenn der Schnee wirklich hoch liegt und man in Ermangelung einer Schaufel mit Baumrinde, Messer und Mini-Beil improvisieren muß. Ebenfalls muß man erst mühsam das Feuerholz zusammensuchen, das ja unter dem Schnee versteckt ist; man ist deshalb darauf angewiesen, einen umgestürzten, einigermaßen trockenen, aber noch nicht faulen Baum zu finden, den man dann systematisch zerkleinert. Vielleicht reicht die Zeit aber weder für ein komfortables Quartier im Schnee noch zum Sammeln von Feuerholz, weil der Schneestrum sehr plötzlich kommt? Auch kann man sich auf einem Marsch nicht jeden Abend damit aufhalten, viel Zeit zu verlieren, zumal der Tag ja ohnehin kurz ist. Wohl wird man nach Kräften bemüht sein, nicht bei arktischen Temperaturen zu marschieren, aber mitunter läßt sich das nicht vermeiden.

Im Notfall buddelt man sich irgendwo, möglichst an einer windgeschützten Stelle, ein Loch in den Schnee, das kaum mehr als körperlang sein muß und vielleicht sechzig Zentimeter tief und breit ist. Über dieses Loch kommt die Rettungsdecke, mit der alubedampften Seite nach innen, an einer Schmalseite und an beiden Längsseiten sorgfältig mit Eisbrocken, Holz oder dergleichen beschwert und an der zweiten Schmalseite in das Loch hängend. Das ist gewissermaßen die Standardausführung für ganz Eilige. Steht etwas mehr Zeit zur Verfügung, wird man das Loch mit Zweigen und Schnee abdecken, sodaß die Rettungsdecke anderweitig benutzt werden kann. Vor allem aber wird man sich auf dem Boden ein Bett aus Nadelholzzweigen anlegen, das später noch ausführlicher beschrieben wird. Zur Anlage einer solchen Unterkunft benötigt man je nach Aufwand, Eile und günstigen bzw. ungünstigen Umständen zwischen zehn Minuten und einer halben Stunde. Ein Feuer kann man darin nicht entzünden, aber schon durch die Körperwärme steigt die Temperatur ganz erheblich an. Leider muß man unbedingt etwas kalte Frischluft einlassen, da es sonst zu einer Vergiftung kommt, weil das ausgeatmete Kohlendioxyd nicht durch frischen Sauerstoff ersetzt wird.

Ein solches Loch ist ein Notbehelf, um im warmen Schlafsack darin zu übernachten oder Unterschlupf vor einem Schneesturm zu finden. Ohne zusätzliche Wärme kommt man bei wirklich niedrigen Temperaturen kaum aus, und diese erhalten wir nur durch ein Feuer. Allerdings hilft in

Rasch herzustellendes Lager im Tiefschnee. Es wird durch die Körperwärme erwärmt; die nach unten sinkende Kälte sammelt sich in der Kälterinne.

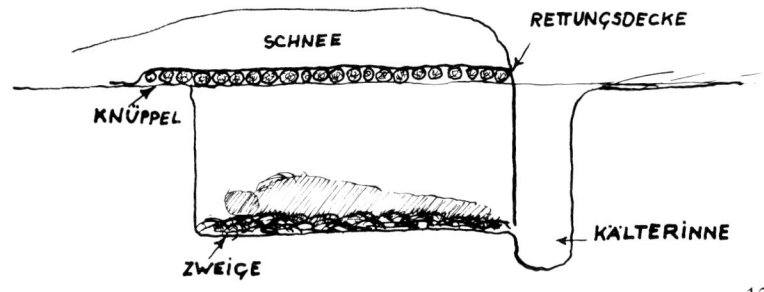

unserem Schneeloch bereits ein Mini-Feuer, nämlich eine Kerze! Sicherlich wissen Sie, daß Eskimos in Ermangelung von Holz Fett verbrennen, und zwar in einer flachen Steinschale, der Tranlampe. Diese Lampe dient nicht nur der Beleuchtung, sondern auch der Erwärmung; in einem Eskimo-Iglu steigen die Temperaturen bis fast zum Nullpunkt. Das ist für die Eskimos dann bereits so warm, daß sie sich emsig entblättern, ein Beweis dafür, an welche Temperaturen man sich gewöhnen kann. Mit einer kleinen Kerze, einem sogenannten Hindenburglicht etwa, läßt es sich in einem Schneeloch schon ganz gut aushalten. Mehr Feuer darf nicht sein, weil der Sauerstoff-Bedarf zu groß wird, sich Rauch entwickkelt und bei Temperaturen über dem Gefrierpunkt unsere schöne Behausung allmählich schmilzt.

Alle bisher beschriebenen Unterkünfte sind nur für einen kürzeren Aufenthalt und/oder nicht allzu extreme Termperaturen gedacht. Eine Behausung für einen längeren Aufenthalt, womöglich bei arktischen Temperaturen, wird auch nur dann wirklich erforderlich sein, wenn uns die Notwendigkeiten einer Survival-Situation zu einer Überwinterung zwingen. Mit sehr wenigen Ausnahmen ist dringend davon abzuraten, ohne Spezialkleidung und reichlich Proviant bei extremen Minus-Temperaturen durch die Wildnis zu wandern. Da ist es schon viel besser, sich beizeiten mit den bescheidenen vorhandenen Hilfsmitteln eine möglichst behagliche Unterkunft zu bauen und auf den Winter vorzubereiten. Denkbar ist es freilich auch, daß ein überzeugter Survival-Freund absichtlich mit bescheidenen Hilfsmiteln überwintert. Schließlich gibt es noch die vor allem für Soldaten vorstellbare Situation, nach einem Fallschirmabsprung oder einer Flucht aus einem Kriegsgefangenen-Lager längere Zeit verborgen im menschenleeren Landesinneren des Feindes verbringen zu müssen, weil die Witterungsverhältnisse dazu zwingen, man die Landessprache nicht beherrscht und deshalb auffallen würde, oder weil die Grenzen zu scharf bewacht werden und man auf bessere Zeiten hofft. Es gibt so manche Geschichte von Kriegsgefangenen beider Seiten, die aus Lagern entflohen und längere Zeit beispielsweise in sibirischen Wäldern überlebten, unter Umweltbedingungen, die sich mit jenen des amerikanischen Nordens durchaus vergleichen lassen. Wer sich rechtzeitig eine warme Behausung sowie ausreichende Vorräte an Brennholz und Proviant angelegt hat, kann selbst wirklich extremen Temperaturen gelassen entgegensehen.

Vor dem Bau einer dauerhaften Behausung wird man sich einige Gedanken über den geeigneten Standort machen müssen. Natürlich muß sauberes Trinkwasser in der Nähe sein, obwohl das im Winter ja ohnehin gefrieren wird. Bis dahin aber spart es uns längere Wege und ermöglicht uns bequemen Fischfang. Außerdem läßt sich Bau- und Brennholz auf dem Wasser besonders leicht transportieren. Unmittelbar neben dem Gewässer wird man sich freilich auch nicht niederlassen. Erstens ist es dort feucht, zweitens kann uns Hochwasser oder gar Packeis im Frühjahr in ernsthafte Verlegenheit bringen, und drittens unterschreiten wir den Grundwasserspiegel, sobald wir Erde ausheben und unsere Baugrube säuft ab. Auch eine Vertiefung im Gelände ist wegen des sich dort sammelnden Wassers unzweckmäßig, wenn man keine Möglichkeit hat, dieses Wasser abzuleiten. Besonders geeignet ist hingegen ein leichter Hang im Schatten der Hauptwindrichtung, wenn man auf der Hangseite einen U-förmigen Graben um die Behausung legt, der das herabfließende Wasser ableitet.

In unmittelbarer Nachbarschaft unseres Bauplatzes sollten keine hohen Bäume stehen, von denen man befürchten muß, daß ein Sturm sie entwurzelt und auf unsere Hütte wirft! Andererseits kann man Bäume vorher fällen, und es sollte ohnehin nicht die Notwendigkeit bestehen, Holz über eine größere Entfernung heranzuholen. Das ist nämlich recht beschwerlich, wenn man keine Helfer hat, und es müssen gewaltige Mengen herangeschleppt werden, teilweise als Bauholz, vor allem aber als Brennholz.

Wenn wir die nachstehend beschriebene Erdhütte bauen, ist natürlich auch die Bodenbeschaffenheit wichtig. Große Steine oder gar gewachsenen Fels können wir mit unseren Hilfsmitteln praktisch nicht bearbeiten, Sandboden läßt sich wohl leicht bearbeiten, rutscht aber immer wieder nach, sodaß eine wesentlich größere Grube ausgehoben werden muß, als es den Abmessungen der Hütte eigentlich entspricht. Am besten wäre für diese Zwecke ein fester Lehmboden.

Vielleicht haben Sie erwartet, daß das Blockhaus als zweckmäßigste Notbehausung für eine Überwinterung unter Survival-Bedingungen beschrieben wird. Statt des sympathisch wirkenden Blockhauses ist nun mehrfach die Erdhüte bzw. eine Baugrube erwähnt worden, und dabei werden Assoziationen wie »feucht« und »finster« wach. Nun, feucht ist eine richtig gebaute Erdhütte keineswegs, und lichtlos ist auch eine fensterlose Blockhütte, wie wir sie in Ermangelung von Glas wohl oder übel bauen müßten, wenn sie winterfest sein soll. In vielen unwirtlichen Gegenden der Welt wurden früher Erdhütten bewohnt, wie die Kota der Lappen oder die Barabara der Aleuten. Solche um ein Holzgerippe herum aus Torf, Erde oder Rasenstücken erbauten Hütten sind unübertroffen wärmegedämmt und bieten jedem Sturm sicheren Widerstand. Überdies sind sie verhältnismäßig einfach und schnell zu bauen, leichter jedenfalls als ein richtiges Blockhaus, zumal dann, wenn das Blockhaus annähernd wo warm sein soll wie die Erdhütte.

Natürlich könnte man einfach ein Holzgerüst aufstellen, dessen Seiten einigermaßen abdichten und dann Erde dagegen häufen. Es ist aber weitaus zweckmäßiger, die Hälfte der Hütte unter die Erde zu verlegen und mit dem Aushub der Baugrube dann die obere Hälfte abzudecken. Auf diese Weise entsteht schließlich ein richtiger Hügel, da auch das Dach bis auf das durch eine Steinplatte geschützte Luft- und Rauchloch mit Erde bedeckt ist. Lediglich entlang der in den Windschatten weisenden Vorderseite, in deren Ecke auch die Tür ist, fällt die Wand senkrecht ab und besteht aus übereinander gesetzten Rasenstücken. Davor wird das Brennholz für den langen Winter aufgestapelt, und das sind schon ganz beachtliche Mengen. Was die Tür anbetrifft, so wird man nicht so dumm sein und auf normaler Türhöhe bestehen, denn die mit unseren Hilfsmitteln herstellbare Tür ist immer ein Kälteloch und wird deshalb möglichst klein gehalten. Recht großzügig sind bereits Abmessungen von 60 + 150 Zentimetern. Natürlich bleibt es nicht aus, daß unser bewohnter Erdhügel sich mit der Zeit begrünt, aber erstens ist das nur vorteilhaft, weil dadurch die Erde befestigt wird, und zweitens spielt Bewuchs im Winter ohnehin keine Rolle.

Die am einfachsten herzustellende Dachform ist das Pultdach. Man kann lediglich darüber diskutieren, ob das Pultdach nach vorn oder nach hinten abfallen soll; aus Gründen, die noch erläutert werden, ist das nach hinten abfallende Dach vorzuziehen.

Jede Wohnung ist ein Kompromiß zwischen dem Wunsch nach möglichst unbegrenzt viel Platz und wirtschaftlichen Überlegungen. Wohl würde uns auch eine geräumig angelegte Erdhütte kein Geld kosten, dafür aber Mehrarbeit und vor allem wesentlich mehr Brennholz im Winter, dessen Beschaffung ja ebenfalls mit Mehrarbeit verbunden ist. Überdies sind die für eine größere Hütte erforderlichen Balken bzw. Stämme schwer und unhandlich, vielleicht sogar zu schwer für eine Person.

Ein recht guter Kompromiß für ein Winterquartier sind Abmessungen von zwei mal drei Meter. Von diesen sechs Quadratmetern nimmt das Bett allein fast zwei Quadratmeter in Anspruch, die Feuerstelle knapp einen Quadratmeter. Somit bleiben also reichlich drei Quadratmeter als

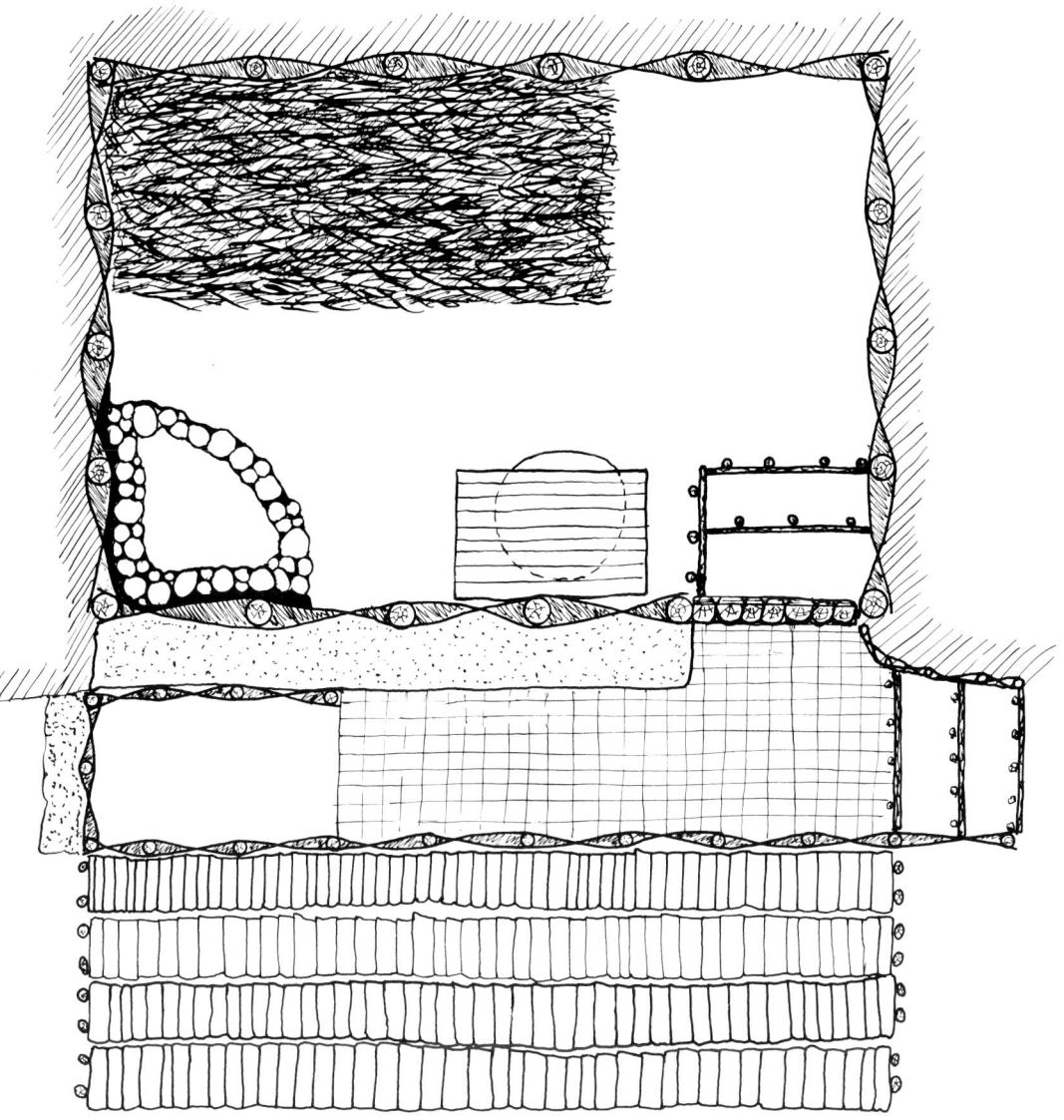

Grundriß einer auch für extreme Winter gut geeignete Erdhütte. Die Wände bestehen aus Flechtwerk, dahinter aus Erde, lediglich an der Vorderseite sind Rasenplaggen aufgeschichtet. Der Boden liegt 50 Zentimeter unter dem Niveau des vor der Hütte verlaufenden Ganges, der seinerseits 50 Zentimeter unter dem Niveau der Erdoberfläche liegt. Stufen führen in den Gang und von diesem in die Hütte. Am Ende des Ganges liegt die Toilette, neben dem Gang ist Brennholz aufgestapelt.

Lebensraum, die auch völlig genügen; man wird ja nicht in der Hütte herumwandern, sondern liegen, sitzen oder stehen.

Wenn man aufrecht stehen will, muß die Hütte Stehhöhe haben. Allerdings genügt es, wenn die (höhere) Vorderseite volle Stehhöhe hat, denn von der Gesamtlänge des Innenraums entfallen entlang der Rückwand bereits etwa zwei Meter auf das Bett. Bei normaler Körpergröße genügen eine zwei Meter hohe Vorderwand und eine eineinhalb Meter hohe Rückwand. Während das Bett entlang der niedrigen Rückwand gebaut wird, muß die Feuerstelle an der höheren Vorderwand liegen, damit der Rauch gut abziehen kann.

Nach diesen grundsätzlichen Betrachtungen können wir mit dem Bau unserer Hütte beginnen. Einen geeigneten Platz haben wir gefunden, nun beginnen wir, die Baugrube auszuheben. Das hört sich leichter an, als es ist, denn wir müssen bei einer Tiefe der Grube von rund einem Meter ja mindestens sechs Kubikmeter Erde bewegen – tatsächlich sind es sogar noch wesentlich mehr, weil das Außenmaß der Hütte den Wandstärken entsprechend größer ist, wir vor der Hütte zusätzlich Platz benötigen und die Wände der Baugrube kaum lotrecht »stehen« werden. Außerdem fehlt uns geeignetes Werkzeug, also eine Spitzhacke zum Lockern, eine Schaufel zum Schippen und eine Karre zum Abfahren des Aushubs.

Die Karre können wir leicht durch eine Tierhaut oder notfalls durch den Poncho ersetzen, indem wir die Erde in diesen »Sack« füllen. Zur Lockerung der Erde genügen meist im Feuer gehärtete, angespitzte Stöcke, als Schaufelersatz dienen größere Rindenstücke. Mit etwas mehr Mühe kann man sich auch eine Schaufel herstellen, indem man einen Hartholzblock spaltet und auf diese Weise ein Brett erhält – wie das funktioniert, wird noch beschrieben, weil wir eventuell auch ein paar Bretter für die Tür, den Tisch und für Regale benötigen.

Weit muß der Aushub nicht transportiert werden, denn er wird ja später wieder benötigt. Auch kommt es keineswegs darauf an, unbedingt und möglichst genau die vorgesehenen Maße einzuhalten, selbst wenn man zufälligerweise die Länge eines mitgeführten Gegenstandes genau kennt und sich einen Maßstab herstellen kann. Zum Übertragen von Abmessungen benutzt man eine Schnur.

Zuerst setzen wir unsere vier Eckpfosten in Löcher, die wir in der Baugrube ausgehoben haben. Sie haben bereits die richtige Höhe; Anpassungen sind möglich, indem man sie mehr oder weniger tief in den Boden einläßt. Dann kommt so ziemlich die schwierigste Arbeit, näm-

Schemazeichnung einer mit einfachen Werkzeugen herstellbaren Kerbverbindung.

lich die oberen Enden der vier Eckpfosten durch Querbalken zu verbinden. Das Problem liegt darin, daß uns für ordentliche Verzapfungen oder Verblattungen weder ein Stemmeisen noch ein Holzbohrer zur Verfügung steht. was bleibt, ist eine leicht herstellbare Kerbverbindung, die nur in einer Richtung Halt bietet. Zuerst setzen wir die Balken der Längsseiten, darauf dann die Balken der Schmalseiten, die nach vorn etwas überstehen. Da die Kerbverbindungen jeweils in der Balkenrichtung wirken, entsteht ein verhältnismäßig stabiles Rechteck, das durch das Eigengewicht des Daches fest verankert ist.

Im Abstand von maximal 50 Zentimetern schlagen wir jetzt armstarke, angespitzte Pfähle entlang der Außenseite der oberen Balken senkrecht in den Boden, und zwar so, daß sie mit der Oberseite der Querbalken abschließen, an den Längsseiten also die Längsbalken etwas überragen. Zwischen diese Pfähle werden Zweige geflochten; Weidenzweige sind ideal, es geht aber auch recht einfach mit allen anderen grünen Ästen, die lang und dünn genug sind. Das Flechtwerk sollte wohl keine größeren Löcher aufweisen, kann aber recht locker sein. Anschließend wird zunächst die Baugrube um die Hütte herum mit Ausnahme der Vorderseite mit Erde aufgefüllt, die wir leicht antreten und kräftig wässern, so daß sie sich gut gegen das Flechtwerk legt, ohne es einzudrücken. Eigentlich müßte jetzt auf die Tür eingegangen werden, aber das sei noch etwas zurückgestellt.

Zuerst wollen wir einmal das Dach decken, was erfreulich leicht ist. Schwach armstarke Stangen in einer Länge von etwa zweieinhalb Meter werden der Dachneigung entsprechend über etwas stärkere Stangen gelegt, die über den Längsbalken verlaufen und in die Querbalken der

Schmalseiten eingelassen sind. Vorn steht das Dach ca. 30 Zentimeter über, hinten weniger. Auf die Stangen kommt Baumrinde, die mit mäßig großen Steinen beschwert wird. Nun schütten wir den größten Teil unseres restlichen Aushubs an den Seitenwänden und der Rückseite an, wobei wir gefühlvolles Andrücken und Wässern nicht vergessen, und bringen noch Erde und Rasenstücke auf das Dach. Ledigleich in einer Ecke wird ein Dreieck für den Rauchabzug ausgespart. Wie bereits erwähnt, wirkt die fertige Erdhütte wie ein natürlicher Hügel, mit steilen Seiten und flachem Kamm. Nur die Vorderseite bzw. deren obere Hälfte ist senkrecht.

Nun müssen wir uns mit der Tür befassen. Sie wird in einer Ecke der vorderen Längsseite angebracht. Vielleicht noch schwieriger als die eigentliche Herstellung der Tür ist ihre Befestigung, was natürlich auch für ein Blockhaus zutrifft.

Die Herstellung von Brettern ist nicht so schwierig. Es ist sogar verhältnismäßig einfach, einen astfreien Holzblock mit Hilfe von Hartholzkeilen zu spalten und aus den geeigneten Stücken mit Beil, Messer und ggf. Säge brauchbare Bohlen zu formen. Wie aber fügt man diese Bohlen zu einer Tür zusammen? Mit ein paar Nägeln wäre das eine Kleinigkeit, selbst ein kleiner Holzbohrer würde helfen, weil mit durch die Bohrlöcher getriebenen Hartholznägeln eine ordentliche Verbindung herzu

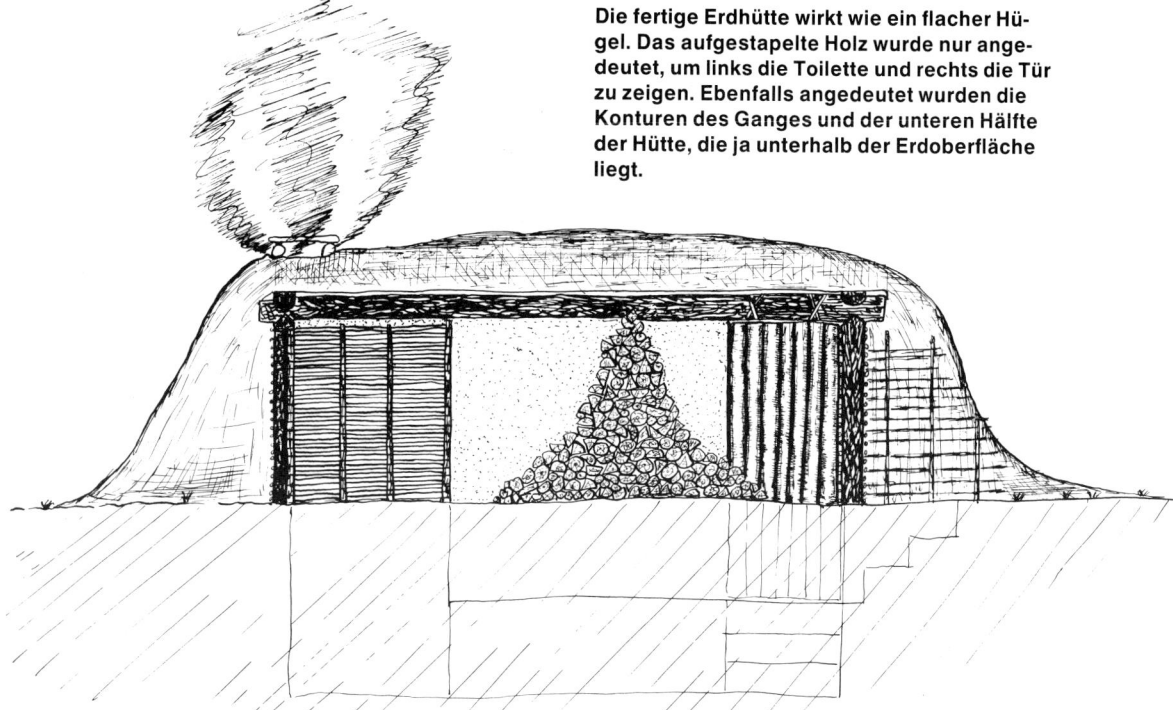

Die fertige Erdhütte wirkt wie ein flacher Hügel. Das aufgestapelte Holz wurde nur angedeutet, um links die Toilette und rechts die Tür zu zeigen. Ebenfalls angedeutet wurden die Konturen des Ganges und der unteren Hälfte der Hütte, die ja unterhalb der Erdoberfläche liegt.

stellen ist. Hingegen darf man die Lösung, schräge Kerben in die Bohlen zu schnitzen, durch die ein exakt passendes Querholz gesteckt wird, nur als letzte Möglichkeit versuchen, selbst wenn eine Säge das Einschneiden der schrägen Kerbseiten sehr erleichtert. Die erforderliche präzise Arbeit ist dennoch mit unseren Hilfsmitteln kaum durchführbar. Nur eines erscheint praktikabel: in einseitig geglättete, schwach armstarke Rundhölzer werden rechteckige Kerben geschnitten, und zwar oben und unten. Zwei entsprechend geformte, rechteckige Querhölzer werden in diese Kerben gelegt und alles durch Rohlederriemen, die in Wasser getränkt wurden, stramm zusammengebunden. Wenn die Riemen getrocknet sind, haben sie sich so zusammengezogen, daß die Verbindung als einigermaßen dauerhaft gelten mag. Nach jedem Rundholz ist der Riemen zu verknoten, damit nicht die ganze Tür auseinanderfällt, wenn der Riemen an einer Stelle zerreißt. Falls vorhanden, kann man eine ungegerbte Haut, die zuvor gewässert wurde, um die Tür herum vernähen. Dadurch wird die Tür dicht.

Der Herstellungsprozeß kann einen technisch interessierten Menschen nicht befriedigen, aber die Bemühungen können sich allenfalls darauf konzentrieren, an langen Winterabenden eine Tür nach diesem Muster mit besonderer Sorgfalt herzustellen, um das Beste daraus zu machen.

Nicht einfacher ist das Befestigen der Tür. Eine normale Tür hängt an Angeln und läßt sich mühelos öffnen und schließen. So einfach haben wir es leider nicht. Wir lassen über die gesamte Höhe der Vorderwand das Fach zwischen dem Eckpfosten und dem nächsten, parallel dazu eingeschlagenen Pfahl frei, flechten also keine Zweige dazwischen mit Ausnahme einer ca. 50 Zentimeter hohen, besonders verstärkten Schwelle. Die Tür wird etwas breiter gemacht und am oberen Längsbalken mit Rohlederstreifen aufgehängt. Da sie am oberen Längsbalken, an der unteren Schwelle und an beiden Seiten etwas breiter ist als die Türöffnung, dichtet sie einigermaßen gut ab. Am einfachsten ist es, wenn sie nach innen aufschlägt, weil dann die Wandung des vor der Hütte laufenden Grabens nicht abgeschrägt werden muß.

Die Baugrube auf der Vorderseite der Hütte wurde ja noch nicht mit Erde aufgefüllt. Nun erst bringen wir sie auf das Niveau der Türschwelle; lediglich an jener Ecke, die der Tür entgegengesetzt ist, bleibt die volle Tiefe erhalten. Dorthin kommt unser »stilles Örtchen«. Die Vorderwand der Hütte wird mit übereinandergesetzten Rasenplaggen verkleidet, davor verläuft ein Gang, dessen Sohle wie die Türschwelle 50 Zentimeter unter dem Niveau der Erdoberfläche liegt, aber nur 150

Zentimeter unter dem etwas überstehenden Dach. An seinem Ende befindet sich unser Toiletten-Anbau. Er hat eine Breite von 60 Zentimetern, eine Tiefe von 90 Zentimetern und ist, bezogen auf die Gangsohle, 150 Zentimeter hoch. Über der Grube befindet sich der berühmte »Donnerbalken«, den man ja liebevoll schnitzen und formen kann . . . Natürlich kann man auch auf die Toilette verzichten und sich im Winter eines Kübels bedienen, aber der Anbau neben der Feuerstelle ist einfacher und sauberer.

Auf der Türseite unseres vertieften Ganges bringen wir Stufen an, die den Höhenunterschied zum Bodenniveau ausgleichen. Durch den Gang und dessen Breite von 60 Zentimeter, die durch die Breite des Toiletten-Anbaus vorgegeben ist, kann die oben angeschlagene Tür nicht nach außen geöffnet werden. Deshalb muß sie nach innen aufgeschlagen werden.

Parallel zum Haus wird über dessen gesamte Länge neben dem Gang Brennholz aufgestapelt, nicht höher als einen Meter, aber eine Reihe vor der anderen. Darüber legt man dann Stangen und Rinde zu einem primitiven Dach, das an das Pultdach des Hauses anschließt und zu diesem leicht ansteigt. Dieses Dach schützt auch unsere Toilette und hält das Brennholz trocken, das hinwiederum ein hervorragender Schutz für die Vorderfront der Hütte ist. Bei dem schlechtesten Wetter kommt man durch den niedrigen Gang gebückt zur Toilette und kann vom Gang aus Brennholz nach Bedarf wegnehmen.

Der Boden der Hütte und auch des davor liegenden Ganges wird mit kleinen Steinchen und Kies bedeckt, der sich mit der Zeit eintritt und erneuert wird, sodaß schließlich eine betonartig feste Schicht entsteht. Lediglich an der Tür kommt meistens noch etwas Feuchtigkeit vor, sodaß man hier einen Rost aus Holzstangen hinlegt. Falls man Waidmannsheil hatte und größere Tiere erlegte, kann man mit deren Fell die Wände bespannen und den Boden auslegen. Dazu müssen die Felle nicht einmal richtig gegerbt sein, sondern lediglich gründlich gesäubert und getrocknet werden.

Was die Inneneinrichtung unserer Hütte anbelangt, so besteht die Basis-Ausstattung aus Bett, Feuerstelle, Tisch, Stuhl und Regalen. Das gilt natürlich im Prinzip auch für ein Blockhaus. Betrachten wir uns zunächst einmal das Bett. Es besteht sehr einfach aus grünen Fichtenzweigen, die mit der Unterseite nach oben schindelartig übereinandergelegt werden, so daß die Astenden nicht stören. Eine 30 bis 40 Zentimeter dicke Schicht ergibt eine wunderbar federnde, bequeme Matratze, auf

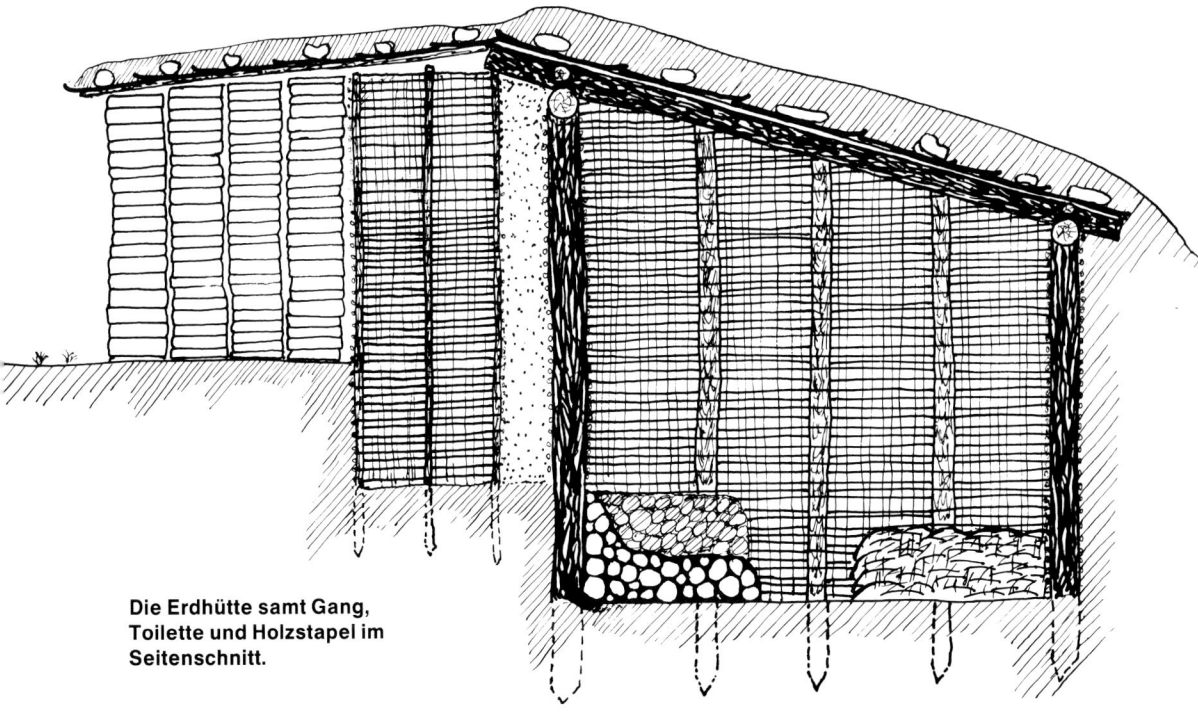

Die Erdhütte samt Gang, Toilette und Holzstapel im Seitenschnitt.

der man den Schlafsack oder Decken, Felle usw. ausbreitet. Wer will, kann sich ein Rechteck aus Stämmen bauen, in das die Zweige hineinkommen, nötig ist das aber nicht. Dagegen müssen die Zweige gelegentlich erneuert werden, wenn nämlich ihre Federkraft nachläßt.

In unserer Erdhütte verzichten wir auf einen gemauerten Kamin, der schon recht anspruchsvoll ist und deshalb dem luxuriösen Blockhaus vorbehalten bleiben soll. Eine mit Steinen eingefaßte offene Feuerstelle in jener Ecke, an die die Toilette angebaut wurde, muß ihn ersetzen. Mit Lehm, Steinen und Rasenplaggen schützen wir die Holzteile in dieser Ecke besonders sorgfältig; nach einiger Zeit ist der Lehm durch die Wärme des Feuers zu einem harten Panzer verbacken. Der Rauch zieht durch das über der Feuerstelle liegende, dreieckige Loch im Dach ab. Es lohnt sich, als Abdeckung dieses Abzuges einen flachen Stein zu suchen, der auf einige kleinere Steine gesetzt wird. Auf diese Weise kann der Rauch abziehen, aber Schnee und Regen können nicht hereinkommen. Ein Stuhl kann ganz gut durch einen Baumstumpf ersetzt werden, und den Tisch sowie die Regale kann man mit Lederriemen oder Bast aus dünnen Stangen zusammenbinden. Andererseits kann man aber auch die langen Wintertage benutzen, um Holzblöcke zu spalten, Bretter herzu-

stellen und daraus ganz nach Bedarf, Geschick und Lust anspruchs-
vollere Möbel zu basteln. Um Holz zu spalten, benötigt man lediglich
Hartholzkeile und einen Hartholz-Schlegel. Astfreie Stammabschnitte
sind damit recht einfach zu spalten, indem man mit dem Beil oder auch
mit der Säge in die Stirnfläche eine Vertiefung macht, in die der Keil
angesetzt wird. In Amerika benutzt man übrigens Geweihe oft als
Garderobenhaken und nennt sie dementsprechend »rack«.

Das bei allen Holzverbindungen am meisten vermißte Werkzeug ist ein
kleiner Holzbohrer, ob es jetzt um das Gerüst der Hütte, die Tür oder
die Möbel geht. Mit Hilfe von Hartholznägeln kann man Holzteile gut
und dauerhaft verbinden, sofern man Löcher dafür vorbohren kann. Es
ist vielleicht keine schlechte Idee, einen solchen Holzbohrer in den
Rucksack zu stecken, wenn man mit der Möglichkeit rechnen muß, in
der Wildnis Arbeiten als Zimmermann oder Schreiner ausführen zu
müssen. Viel Platz nimmt er nicht weg.

Wie lange dauert es, eine solche ausführlich beschriebene Erdhütte zu
bauen? Wenn man eine Säge und ein brauchbares Beil hat, flott arbeitet
und einige Umsicht walten läßt, sicherlich weniger als eine Woche. Der
größte Vorteil der Erdhütte liegt in der hervorragenden Wärmedäm-
mung des Erdreichs und in der Tatsache, daß im Vergleich mit einem
Blockhaus keine nennenswerte Holzbearbeitung erforderlich ist.

Wenn es uns nur um das nackte Überleben unter Survival-Bedingungen
geht, dann hat ein Blockhaus zumindest bei kalten Wintern kaum eine
Berechtigung. Es ist nur dann sinnvoll, wenn man es als Dauerquartier
betrachtet, und vor allem im Sommer angenehmer als die Erdhütte. Die
Möglichkeit, daß jemand wie einst Robinson gezwungen ist, viele Jahre
einsam und auf sich gestellt zu leben, erscheint recht vage, aber immerhin ist sie nicht auszuschließen. Nach dem letzten Krieg sollen ver-
sprengte japanische Soldaten bis in die fünfziger Jahre hinein verborgen
auf abgelegenen Inseln gehaust haben, ohne zu wissen, daß der Krieg
schon lange vorüber war. Von der Heimat abgeschnitten, waren sie
gezwungen, aus dem Lande zu leben. Zugegeben, eine solche Situation
ist so unwahrscheinlich, daß damit eine Beschreibung über den Bau eines
Blockhauses kaum zu rechtfertigen wäre, aber sicherlich werden sich
jene Survival-Freunde dafür interessieren, die ihre Freizeit unter simulierten Survival-Bedingungen verbringen. Viele Dinge, die bei der Erdhütte beschrieben wurden, gelten auch für das Blockhaus, so die Größe
von zwei mal drei Metern als Minimum für eine Person; zwei Personen
benötigen eine Hütte von mindestens drei mal drei Metern.

Da ein Blockhaus für längere Zeit bewohnbar bleiben muß, dürfen die untersten Stämme nicht direkt auf die Erde gelegt werden, sondern benötigen ein Fundament, damit die Stämme nicht verrotten. Wie aber soll man in der Wildnis ein Fundament mauern? Nun, für unsere verhältnismäßig bescheidene Blockhütte genügen flache Steine an den vier Hausecken, die natürlich die gleiche Höhe haben müssen. Ein besserer Marschkompaß hat oft eine Libelle, um ihn exakt waagerecht ausrichten zu können. Damit kann man schon einmal eine Wasserwaage ersetzen, ansonsten hilft ein gutes Augenmaß.

Zunächst einmal werden die beiden Längsbalken (bei rechteckigem Grundriß) als Schwellen gelegt. Über diese Längsbalken kommen bei einem professionellen Blockhaus die Dielenbalken, besser gesagt, sie werden mit ihnen verblattet, sodaß ihre Oberseite mit jener der Längsschwellen bündig ist. Die Dielenbalken liegen etwa im Abstand von 120 Zentimetern, weil die handgearbeiteten Dielenbretter ja eher als Bohlen zu bezeichnen sind, aber auch kleinere Abstände sind möglich. Wir werden etwas in Schwierigkeiten kommen, nicht mit den Dielenbalken, sondern mit den Bohlen. Selbst wenn wir mit viel Mühe eine ausreichende Anzahl gespalten und fertig bearbeitet haben, können wir sie doch nicht festnageln. Als Alternative bieten sich möglichst gleich starke, schwach armstarke Stangen an; die beiden Querbalken werden nur so weit in die Schwellen eingelassen, daß sie diese um die Stangenstärke überragen. Damit haben wir eine ebene Fläche, und die Stangen haben durch die beidseitigen Querbalken guten Halt. Auf dieser Fläche bauen wir nun unser Blockhaus auf.

Das Prinzip der Eckverbindungen von Baumstämmen besteht darin, an

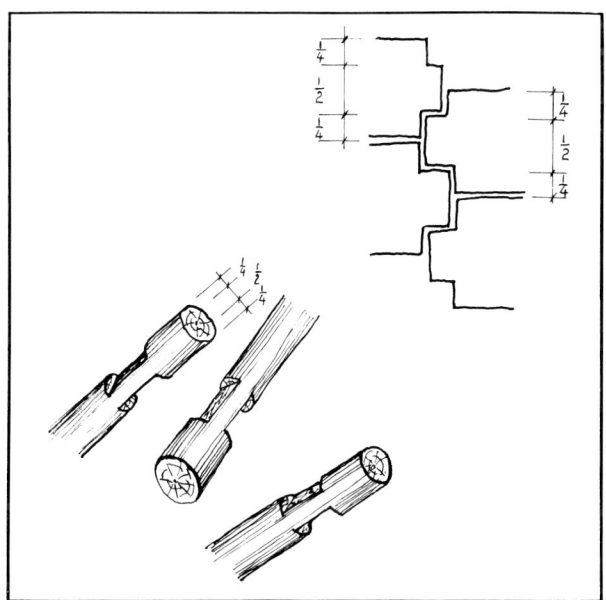

Eckverbindung der Stämme eines Blockhauses. Die darüberliegende Schemaskizze zeigt, wie die Kerben ineinandergreifen und die Stämme zueinander versetzt sind.

137

beiden Seiten eines Stammes kurz vor dem Ende eine Kerbe herauszuschlagen, und zwar jeweils von oben und von unten und ein Viertel der Stammstärke tief. Im Idealfall sind alle Stämme gleich stark, aber in der Praxis muß man mit der Tiefe der Kerben etwas variieren und abwechselnd an einer Seite das dickere oder das dünnere Stammende auflegen. Theoretisch liegen die Stämme eines Blockhauses fugenlos aufeinander; die Kunst besteht jedenfalls darin, die Fugen so klein wie möglich zu halten, da sie später mühsam gedichtet werden müssen. Ob man mit den beiden Längs- oder den beiden Schmalseiten anfängt, ist an sich bedeutungslos, allerdings darf der unterste Balken nur an seiner Oberseite eingekerbt sein und muß an der gesamten Unterseite abgeflacht werden, damit man zu den jeweils um eine halbe Stammstärke versetzten Eckverbindungen kommt. Schwer ist es wirklich nicht, die Wände hochzuziehen; wieder einmal soll die Tür getrennt behandelt werden.

Wohl können wir auch das Blockhaus mit einem Pultdach versehen, aber zur Abwechslung soll es diesmal ein aufwendigeres Satteldach sein. Dazu ist ein Giebel erforderlich, und der bereitet zunächst Sorgen, weil nicht klar ist, wie die Giebelbalken gehalten werden. Der Rest der Dachkonstruktion ergibt sich logisch, und die Bearbeitung des Firstbalkens, der Sparren und Pfetten ist ohne weiteres allein mit dem Beil und der Säge möglich; auch heute noch sollten unsere Zimmerleute in der Lage sein, allein mit solchem Handwerkszeug aufwendige Dachkonstruktionen zu erstellen.

Wir werden uns dennoch um eine einfachere Konstruktion bemühen. Zu gegebener Zeit werden die Längsbalken etwas nach innen versetzt und die nächsten Querbalken, entsprechend verkürzt und abgeschrägt, darauf gesetzt. Wieder kommen die nächsten Längsbalken ein Stück nach innen, und wieder wird der nächste Querbalken gekürzt und abgeschrägt. In die Mitte des letzten (und kürzesten) Querbalkens wird schließlich der Firstbalken gelegt. Es ist wichtig, daß das Dach nicht zu steil wird, denn uns fehlen ja die Nägel, um den Dachbelag darauf festzunageln. Wir können ihn allenfalls mit Lederriemen festbinden, aber bei einem flachen Dach wird das nicht unbedingt erforderlich sein, und wir können ebenso verfahren wie bei der Dachdeckung der Erdhütte. Falls trockenes Schilf verfügbar ist, eignet es sich natürlich für die Dächer beider Behausungen – denken wir nur an die norddeutschen Reetdächer.

Die professionellen Blockhäuser haben ein Dach aus Holzschindeln. Eine Schindel ist etwa 60 Zentimeter lang und einen Zentimeter dick;

Die Seitenansicht eines kleinen Blockhauses. Gut ist die Gestaltung des Giebels zu erkennen. In einem Balken befindet sich die im Text erwähnte »Schießscharte«, der Verlauf von Schornstein und Kamin im Hausinneren ist angedeutet. Links unten stehen die den Fußboden bildenden Rundhölzer etwas vor und dienen als Stufe zu Tür.

ihre Breite liegt etwa zwischen 10 und 20 Zentimeter. Für unser Blockhaus benötigen wir zwischen 100 und 200 Schindeln. Ein geübter Schindelmacher soll rund 5000 Schindeln am Tag herstellen können, mit unserem Handwerkszeug und Geschick wären es gewiß viel weniger. Dennoch: Schindeln, die durch das Spalten von Holzblöcken entsprechender Länge hergestellt werden, sind eine so gute und dauerhafte

Dachabdeckung, daß wir die Mühe ihrer Herstellung mit unserem primitiven Werkzeug gern auf uns nehmen würden, wenn wir sie nur befestigen könnten! Die alten Siedler hatten wenigstens noch handgeschmiedete Eisennägel; uns bleibt nichts anderes übrig, als auf das Schindeldach zu verzichten.

Unser Blockhaus sollte eine Tür und möglichst auch ein Fenster haben. Original-Blockhäuser haben ein ordentliches Türfutter aus Brettern und eisernen Türangeln. Wir könnten ja vielleicht noch ein solches Türfutter einsetzen, indem wir die Türöffnung aussägen, Bohlen mit unserem Messer mühsam durchbohren und entsprechende Löcher in die den Türausschnitt bildenden Balken schnitzen; mit Holznägeln wird dann alles zusammengehalten. Was wir aber dann noch immer nicht haben, sind die eisernen Angeln. Wenn die Tür ebenso hergestellt wird wie bei der Erdhütte beschrieben, kann man das Rundholz an einer der beiden Seiten oben und unten jeweils ein paar Zentimeter überstehen lassen, es anspitzen und in korrespondierende Löcher der beiden den Türausschnitt begrenzenden durchgehenden Balken setzen. Das bedeutet allerdings, daß die Tür eingesetzt werden muß, bevor der obere Abschlußbalken gelegt wird.

Fenster sind an sich ein höchst unzweckmäßiger Luxus und fehlen in primitiven Blockhäusern selbst dann oft, wenn Glas verfügbar ist. Wir werden ja gern darauf verzichten, das Fenster schwenkbar an Angeln aufzuhängen, und uns darauf beschränken, einen einfachen Rahmen mit verblatteten Ecken zu bauen. Über diesen Rahmen spannt man eine dünn geschabte Tierhaut, die das Fensterglas ersetzen soll. Der Rahmen ist auf allen Seiten geringfügig größer als die Fensteröffnung, die von innen etwas aufgeweitet wird, sodaß der Rahmen von innen eingesetzt werden kann und nach außen Halt hat. Eine noch einfachere Möglichkeit besteht darin, an geeigneter Stelle ein Segment aus einem Balken herauszusägen, das innen breiter ist als außen, also schräge Seiten hat und nur nach innen herausgenommen werden kann. Bei warmem Wetter hat man ein Lüftungs- und Guckloch, wenn man das Balkensegment herausnimmt, bei kaltem Wetter wird es verrammelt.

Ein Fenster, das mit dünn geschabtem Leder verkleidet ist, hat kaum eine Berechtigung. Es läßt die Kälte fast ungehindert durch, hinaussehen kann man auch nicht, und das einfallende Licht ist kaum der Rede wert, selbst wenn man die Haut gut einfettet und dadurch die Lichtdurchlässigkeit etwas verbessert. Wenn schon für die warmen Sommermonate eine Licht- und Luft-Öffnung vorgesehen wird, dann bitte durch ausgesägte und bei Bedarf herausnehmbare Balkensegmente. Sie erinnern übrigens an Schießscharten und wurden wohl in den Pioniertagen des Wilden Westens auch entsprechend benutzt.

So, nun ist unser Blockhaus so weit fertig; es hat ein gedecktes Dach, eine Tür und eventuell ein Fenster oder ausgeschnittene Balken. Wir stehen in der Hütte und sehen gegen das helle Tageslicht, daß trotz sorgfältiger Bauweise unglaublich viele Ritze und Spalten für gute Ventilation sorgen, teilweise mehr als daumenbreit. Diese Ritze müssen alle völlig abgedichtet werden. Zunächst keilt man Steinchen, Holzsplitter und dergleichen hinein und stopft Moos nach. Dann aber sind die Fugen sorgfältig mit Lehm oder Ton zu verschmieren, und zwar von innen und außen. Bessere Blockhäuser sind von innen mit Brettern oder Bohlen verkleidet, aber aus bekannten Gründen kommt das für uns nicht in Frage. Über die Abdichtung mit Ton oder Lehm hinaus können

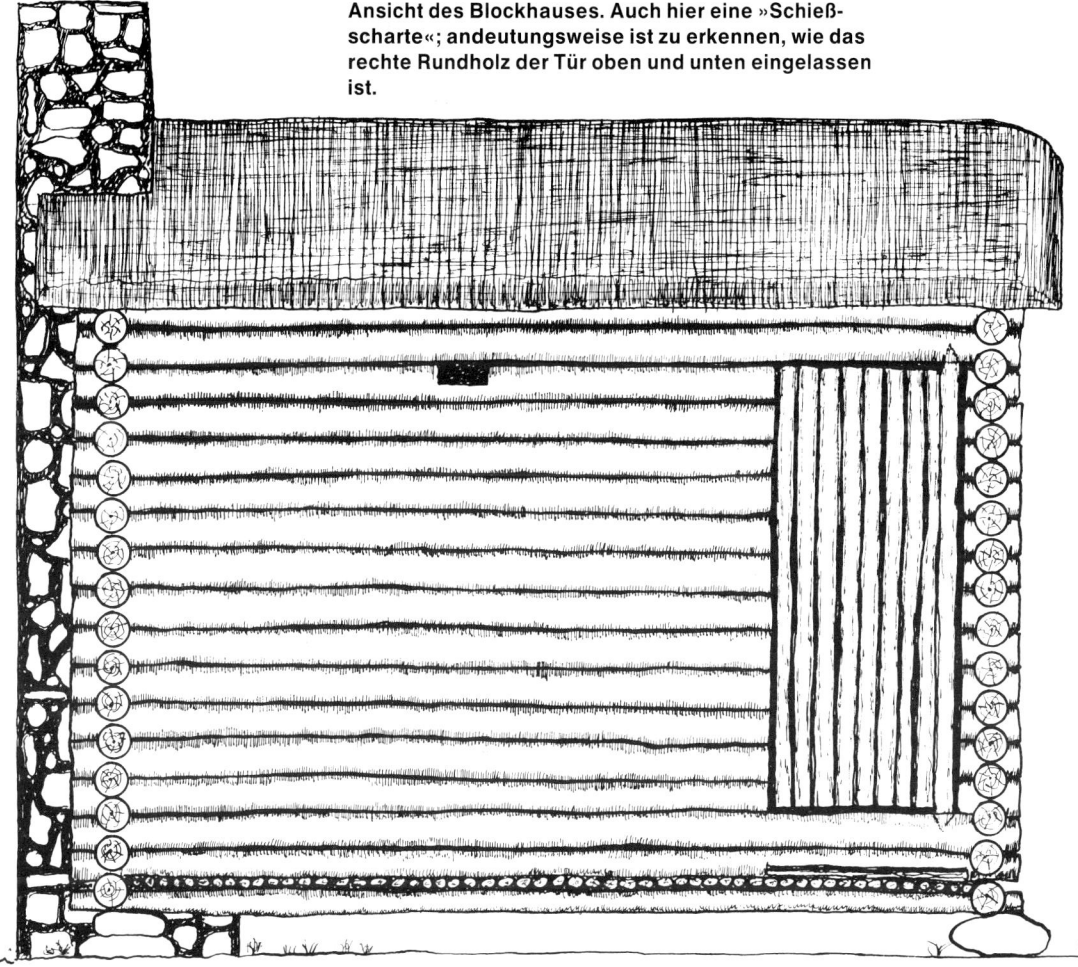

Ansicht des Blockhauses. Auch hier eine »Schießscharte«; andeutungsweise ist zu erkennen, wie das rechte Rundholz der Tür oben und unten eingelassen ist.

wir allenfalls Tierfelle aufspannen. Vielleicht verstehen Sie jetzt, welche praktischen Vorteile für einen Aufenthalt im Winter eine Erdhütte bietet!

Bleibt noch der Kamin, wenn wir uns nicht auch hier mit einer offenen Feuerstelle begnügen wollen. Am besten wird der Kamin an einer Giebelseite hochgemauert, nur der untere Teil ist etwas vorgezogen und durchbricht die Balkenwand, sodaß im Blockhaus eine offene Feuerstelle entsteht, wie sie auch bei uns als Luxus-Attribut besserer Wohnungen wieder zu finden ist.

Steine lassen sich im allgemeinen ohne allzu große Schwierigkeiten finden. Etwas schwieriger kann es sein, Ton oder wenigstens Lehm als Bindemittel zu finden. Über die Seitenwände der offenen Feuerstelle muß ein langer Stein gelegt werden, auf dem die vordere Schornsteinmauer hochgezogen wird, während die anderen drei Mauern vom Boden aus hochgezogen werden. Damit der Kamin richtig zieht, soll er über dem Feuer seine engste Stelle haben. Anschließend wird der Schornstein weiter, um sich nach oben hin wieder so weit zu verjüngen, bis er fast den Durchmesser der engsten Stelle erreicht.

Über dem Feuerraum kann man damit beginnen, sich die Arbeit etwas zu vereinfachen und den Kamin auf die gleiche Weise zu bauen wie ein Blockhaus, nämlich aus an den Ecken miteinander verbundenen Rundhölzern, die reichlich mit Lehm verstrichen sind. Man sollte es kaum glauben, aber tatsächlich war die Verwendung von Holz bei dem Kaminbau außerhalb des eigentlichen Feuerraums durchaus üblich. Natürlich muß der Kamin die höchste Stelle des Daches überragen, um richtig zu ziehen.

Ein Kamin ist gewissermaßen die Krönung des Blockhaus-Baues. Er ist aber alles andere als einfach, insbesondere, wenn Kenntnisse und Werkzeug fehlen!

Auch ein Kamin ist noch immer nach einer Seite hin offen, und es kann durchaus vorkommen, daß Funken herausfliegen. Nun besteht aber leider unser gesamtes Blockhaus aus vorzüglichem Brennmaterial und kann während unserer Abwesenheit Feuer fangen, sodaß wir nach unserer Rückkehr nur noch vor rauchenden Ruinen stehen! Im Winter soll das Feuer ja möglichst auch während unserer Abwesenheit weiterbrennen, und wenn wir Pech haben, verbrennt nicht nur unser »Dach über dem Kopf«, sondern mit ihm auch unser Wintervorrat an Nahrungsmitteln! Das kann leicht tödlich sein, deshalb haben die Waldläufer und Trapper im Norden von Amerika ihre Vorräte ausgelagert und in

142

einiger Entfernung vom Blockhaus ihre »Cache«. Das Wort stammt ursprünglich aus dem Französischen und bedeutet »verbergen« (cacher). Bekanntlich haben die französischen Waldläufer und Trapper die Geschichte des amerikanischen Nordens entscheidend mitgeprägt, und viele Bezeichnungen oder Ortsnamen gehen auf sie zurück. Eine Cache ist ein Miniblockhaus auf hohen Stelzen, das jenen Ansitz-Kanzeln zum Verwechseln ähnlich sieht, wie sie bei uns die Jäger aufstellen. In der Cache werden Vorräte aller Art gelagert, nicht nur Nahrungsmittel. Die hohen Stelzen sind erforderlich, um die Vorräte vor Tieren, insbesondere vor Bären, zu schützen. Der Zugang erfolgt über eine Leiter; man kann sagen, daß eine Cache den gleichen Zweck erfüllt wie in unseren Häusern ein Keller.

Die Cache ist ein Nebengebäude, die Toilette das andere. Sie entspricht genau der Beschreibung, die von ihr in Verbindung mit der Erdhütte gegeben wurde. Im Sommer wird man besser seine Geschäfte an abgelegenen Stellen der Umgebung verrichten, denn dann ist die Geruchsbelästigung groß, und wenn die Abortgrube einmal voll ist, muß sie mit Erde abgedeckt werden und man muß den Toilettenanbau an anderer Stelle errichten. Im Winter ist jedoch eine geschützte Toilette in unmittelbarer Hausnähe außerordentlich angenehm!

Wie lange dauert es, das beschriebene Blockhaus samt Kamin, Cache und Toilette zu bauen? Wenn eine Person, die mit Handwerkszeug umzugehen weiß und mit Säge und Beil bzw. Axt ausgerüstet ist, flott arbeitet und sich nicht mit der Jagd und dem Heranschaffen von Bauholz, Kaminsteinen oder Lehm über größere Entfernung befassen muß, kann ein solches Blockhaus in etwa zwei Wochen erstellt werden. Unverhältnismäßig lange dauert insbesondere eine ordentliche Tür, die deshalb erst in Angriff genommen wird, wenn alle anderen Arbeiten abgeschlossen sind. In der Praxis wird die Arbeit länger dauern, weil zwischendurch gejagt werden muß oder irgendwelche Probleme auftreten.

9. Der längere Aufenthalt

Nicht immer wird man unfreiwillig dem Überlebenskampf in der Wildnis ausgesetzt. Bereits mehrfach wurden Survival-Freunde erwähnt, die Überlebens-Bedingungen simulieren und bewußt alle damit verbundenen Strapazen auf sich nehmen. Noch einen Schritt weiter gehen jene Anhänger eines freien, ungebundenen, »alternativen« Lebens in der freien Natur, die jedes Jahr mehrere Monate allein in der Wildnis verbringen. Manchen gefällt ein solches Leben während der Sommermonate und im Herbst so gut, daß sie zunächst einmal versuchsweise überwintern und schließlich vielleicht für mehrere Jahre oder gar für immer dort bleiben.

Die Idee scheint faszinierend, und viele junge Männer werden sich spontan dafür begeistern, dem Alltags-Streß zu entfliehen und bedürfnislos aus eigener Kraft zu leben, voller Romantik und fernab der Zivilisation. In der Tat gibt es eine recht große Zahl von Blockhäusern im Norden des amerikanischen Kontinents, die jedes Jahr während der Sommermonate bewohnt werden, und auch einige wenige, die ganzjährig bewohnt sind. Nun kann man sich seine Hütte in einem dünn besiedelten Land wie etwa Kanada dort aufbauen, wo man noch mit einem geländegängigen Wagen hinkommt, und dennoch fernab der

Zivilisation sein; Kanada hat ganze zwei Einwohner pro Quadratkilometer, und die massieren sich überwiegend auf einem kleinen Gebiet im Südosten, während sich in der Bundesrepublik Deutschland 240 Einwohner auf einem Quadratkilometer zusammendrängen! Das aber kann nicht Sinn der Sache sein: Wer konsequent der Zivilisation für längere Zeit, vielleicht sogar für immer, den Rücken kehren will, sollte auf die Möglichkeit verzichten, mit Hilfe seines Geländewagens jederzeit kurzfristig eben jene Zivilisation wieder erreichen zu können.

Ein Boot ist schon recht praktisch, weil es die Beförderung größerer Lasten erlaubt und auch »vor Ort« sehr gut verwendet werden kann. Man ist damit allerdings an Wasserstraßen gebunden und muß eventuell Tragestellen – Portages – benutzen, wenn Stromschnellen die Weiterfahrt behindern oder man zu einem anderen Wasserlauf überwechseln möchte. Fährt man mit der Strömung, ist das Vorankommen leicht, und man kommt nicht bei jeder passenden oder unpassenden Gelegenheit in die Versuchung, einmal rasch zum nächsten Außenposten der Zivilisation zurückzupaddeln, denn das müßte mühsam gegen die Strömung erfolgen! Mit dem Boot kann man schon Gebiete erreichen, die noch nie eines Menschen Fuß betreten hat und die so einsam sind, wie man es sich nur wünschen kann.

Eine andere Möglichkeit besteht darin, hoch zu Roß in die Wildnis einzudringen. Das ist ebenso wie die Bootsfahrt bequemer als ein Fußmarsch, und ein kräftiges Pferd kann außer seinem Reiter noch einiges Gepäck tragen; wem das nicht genügt, der kann ja noch ein Packpferd mitführen. Der Nachteil besteht darin, daß zunächst einmal Pferde weniger »geländegängig« sind als Fußgänger, vor allem Sorgfalt und Pflege verlangen, und diese wird im Winter schon leicht zu einer echten Belastung. Wohl benötigen in der Wildnis aufgewachsene und abgehärtete Pferde keinen Stall, selbst im tiefsten Winter genügt ihnen ein Unterstand, aber sie werden dann kaum ausreichend Futter finden. Es wäre also Heu zu machen und trocken zu lagern, und wir müssen die Pferde vor größeren Raubtieren schützen. Auf pflanzenfressende Haustiere kommen wir noch einmal zurück, vorerst wollen wir uns einem fleischfressenden Haustier zuwenden, dem Hund.

Obwohl Hunde im Gegensatz zu den meisten Pflanzenfressern mit uns Menschen in Nahrungskonkurrenz stehen, war der Hund das erste Haustier, und das gewiß nicht grundlos. Gerade wenn wir wieder zu Jägern und Sammlern werden wie unsere Ahnen in grauer Vorzeit, ist ein Hund ein überaus wichtiger Helfer. Er findet für uns das Wild, treibt es uns zu, warnt vor verborgenen Raubtieren, bewacht das Blockhaus und unseren Schlaf, findet verwundetes Wild mit tödlicher Sicherheit – und trägt Lasten; im Winter kann er sie überdies auf einem Schlitten transportieren. Der Hund ist mindestens ebenso »geländegängig« wie ein Mensch und ein hervorragender Gefährte unserer selbstgewählten Einsamkeit, auf den wir nicht verzichten sollten.

Ein kräftiger Schlittenhund trägt Lasten bis zu 15 kg. Wer einen Rüden und eine Hündin mitnimmt, kann für eine laufende Bestandsergänzung sorgen und mit der eigenen Tragelast rund einen Zentner transportieren. Das aber sollte genügen, um mehrere Jahre in der Wildnis bei einigem Komfort und ohne weiteren Kontakt mit der Zivilisation überleben zu können!

Es ist in diesem Kapitel so viel die Rede davon, daß Lasten zu befördern sind. Bisher wurde immer nur von den absoluten Notwendigkeiten für ein Überleben in der Wildnis unter allen möglichen ungünstigen Umständen ausgegangen, und diese Notwendigkeiten wiegen, wie wir gesehen haben, nicht viel. Anläßlich des Blockhausbaues im letzten Kapitel haben wir aber auch das Fehlen von Werkzeugen sehr schmerzlich empfunden. Wichtiger noch ist eine ordentliche Schußwaffe, ein Gewehr samt ausreichender Munition. Ein gutes solides Repetiergewehr ohne ein in der Wildnis entbehrliches Zielfernrohr und im geeigneten Kaliber (.308, .30-06 oder stärker) wiegt etwa 3,5 Kilogramm, eine Patrone im besonders leichten Kaliber .308 wiegt 25 Gramm. Wenn man erst einmal genügend Felle hat und nur noch wegen der Fleischversorgung jagt, kann man mit weniger als 10 Patronen gut und gern ein ganzes Jahr lang auskommen; wieviele man mitnimmt, hängt von der vorgesehenen Dauer des Aufenthaltes ab, und auch davon, wie sparsam man damit sein will oder muß. Das Gewehr sollte möglichst robust sein, am besten statt des üblichen Holzschaftes einen Kunststoffschaft haben, und es muß seinem Besitzer so vertraut sein, daß er nicht nur sicher damit trifft, sondern es auch zum Reinigen zerlegen kann.

Neben dem Beil und der Säge sowie einer Feile zum Schärfen werden wir für gröbere Holzarbeiten eine Axt mitführen sowie an sonstigem Werkzeug einen oder zwei Bohrer, ein Stemmeisen, Nägel und eiserne Türangeln. Für gehobene Ansprüche kommen fertig verglaste Fensterrahmen in Betracht, die wohl sehr klein sein mögen und nicht allzu viel wiegen, dafür aber zerbrechlich und sperrig sind. Schwer ist hingegen ein außerordentlich nützliches Gerät, nämlich ein Trapperofen aus starkem Blech, der zerlegt zu transportieren ist und für den es auch ein

146

passendes Ofenrohr gibt. Ein solcher Ofen nutzt den Brennstoff viel rationeller als ein offener Kamin, das Kochen wird zum Kinderspiel, und die Gefahr des Abbrennens unseres Blockhauses ist weitaus geringer. Das Gewicht dieser Öfen beginnt bei etwa vier Kilogramm einschließlich eines Teleskop-Ofenrohrs, aber das ist dann ein für den Gebrauch in größeren Zelten gedachtes Provisorium. Ein ordentlicher »Yukon-Ofen« wiegt ab 10 Kilogramm und schluckt gewaltige Holzscheite.

Was noch? Ein Ziehmesser etwa zum Entrinden der Bäume und zum Glätten von Stämmen oder Bohlen; mehrere ineinander zu verstauende unterschiedlich große Behälter mit Deckeln zum Aufbewahren von Beeren, selbst gekochter Marmelade, abgezapftem Ahornsirup usw.; evtl. Salz, nicht nur zum Würzen, sondern auch zum Konservieren; einen größeren Wassereimer; für gehobenen Luxus schließlich eine Petroleum-Lampe. Sie hat den Vorteil, daß man sich an langen, dunklen Wintertagen sinnvoll in der Hütte beschäftigen kann, indem man eine Unzahl von Bastelarbeiten erledigt, die nur in dieser arbeitsarmen Zeit ausgeführt werden können und für die man mehr Licht benötigt, als durch das kleine Fenster hineinfällt oder von der Feuerstelle ausgeht. Der Nachteil ist naheliegend: man benötigt zum Betrieb Petroleum, das man nicht selbst erzeugen kann. Wenn man sich für eine Petroleumlampe entscheidet, dann für eine solche, bei der unter Druck Petroleum vergast wird und die ein wesentlich helleres Licht gibt.

Wer auf Sicherheit und Erhaltung der Gesundheit bedacht ist, wird eine etwas umfangreichere Apotheke für den Notfall einrichten. Damit ist ihm aber noch nicht geholfen, falls er in eine wirkliche Notlage kommt, aus der er sich nicht selbst befreien kann. Eine solche Notlage kann in der Wildnis sehr leicht eintreten, zumal dann, wenn man allein ist; schon ein gebrochenes Bein, das verhindert, daß man Wintervorräte an Proviant und Brennholz anlegen kann, hat höchst unangenehme Folgen. Wer sich dagegen absichern will, kann ein batteriebetriebenes Funkgerät mitnehmen und es ganz nach Belieben nur in echten Notlagen oder zu einem allabendlichen Plausch mit weit entfernten Gesprächspartnern benutzen. Um sich über die Vorgänge draußen in der Welt zu informieren, sofern man daran überhaupt Interesse hat, genügt ein kleines Radio. In der Praxis wird es die zweckmäßigste Lösung auch für überzeugte Einsiedler sein, wenn sie sich einmal im Jahr auf den mehrtägigen oder gar wochenlangen Trip zur nächsten menschlichen Ansiedlung begeben, um dort ihre Vorräte zu ergänzen. Wer kein Geld dazu hat, muß es sich in der Wildnis beschaffen, und wie zu Zeiten der Pioniere und der Trapper genügt dazu die Pelztierjagd, die selbst bei mäßigem Einsatz genug abwirft, um bei den bescheidenen Ansprüchen gut zu leben.

Obwohl es also möglich ist, völlig autark zu leben, wird man sich doch selbst als überzeugter Feind aller Zivilisation das Leben durch einige ihrer Annehmlichkeiten erleichtern. Wo die Grenze zu ziehen ist, läßt sich schwer sagen; wer nicht sehr vorsichtig ist, stellt irgendwann einmal fest, daß seine ursprüngliche Unabhängigkeit verloren gegangen ist. Natürlich ist es angenehmer, statt einer Petroleumfunzel elektrisches Licht zu haben, und wenn man Elektrizität hat, kann man ja gleich auch noch einen Kühlschrank betreiben; um Elektrizität zu erzeugen, bedient man sich eines benzingetriebenen Generators. Das dazu erforderliche Benzin schafft man im Boot heran, und weil das Rudern gegen die Strömung ein sehr mühsames Unterfangen ist, installiert man einen Hilfsmotor. Da der Aufwand immerhin schon einiges Geld kostet, muß man fleißiger den Pelztieren nachstellen, also Fallen und ein Kleinkalibergewehr kaufen, kurz, man gerät in einen Teufelskreis, der uns allen nur zu gut bekannt ist und dem wir ja eigentlich entkommen wollten. Wer Talent dazu hat, kann auch in der Wildnis an Streß und einem Herzinfarkt sterben.

Wir lassen es geruhsamer angehen und haben viel Zeit. Erfahrungsgemäß wird unser ursprüngliches Blockhaus bald zu klein, wenn wir es nicht von allem Anfang an etwas großzügiger planen, als es der reinen Notwendigkeit entspricht. Recht großzügig ist ein Blockhaus in den Abmessungen drei mal vier Meter, also einer Grundfläche von zwölf Quadratmetern. Das erscheint uns vielleicht noch zu wenig, weil wir an ganz anderen Wohnraum gewöhnt sind, läßt aber wirklich keine großen Wünsche mehr offen. Es ist sogar schon etwas schwierig für einen einzelnen Mann, ein vier Meter langes Blockhaus zu bauen, und es gehört erhebliche Kraft dazu. Notfalls mag ein Flaschenzug nützliche Dienste leisten. Im Laufe der Zeit wird unser Blockhaus immer gemütlicher und wohnlicher. Der gesamte Innenraum wird allmählich mit handgearbeiteten Bohlen ausgekleidet, ebenso der Fußboden; schmückende und wärmende Felle bedecken Wände und Boden. Auf Regalen an der Wand befindet sich allerlei Geschirr und sonstiges Kleingut, Kleider hängen an Geweihen, ein ordentlicher Tisch dient zum Essen und Arbeiten, und aus dem Baumstumpf ist ein bequemer Armsessel als Sitzgelegenheit geworden. Vor dem Blockhaus haben wir reichlich Brennholz gestapelt, vielleicht sogar einen Schuppen dafür angebaut, damit es trocken bleibt; unten am See liegt unser Boot (ein gekauftes aus Aluminium, wenn wir es uns leisten können, ein Birkenrinden-Kanu ist von uns ohne Erfahrung kaum herzustellen und sehr empfindlich). Dicht bei dem Blockhaus befinden sich die Hundehütten; nötig sind sie wohl nicht bei unseren dicht behaarten Nordland-Hunden, aber auch sie sollen es angenehm haben. Die Cache enthält reichlich Vorräte, der Ofen glüht – was könnte das Herz wohl mehr begehren?

Nun, wir haben zumindest im Winter, aber auch im Frühjahr und im Sommer gelegentlich einmal wenig zu tun und kommen bestimmt auf die Idee, wie praktisch es doch wäre, noch andere Haustiere außer unseren Hunden zu halten. An Fleisch sollte es uns freilich nicht mangeln, aber Hühner könnten Eier legen, Kühe oder Ziegen geben Milch, Schafe sind Wollieferanten, Pferde leisten Arbeit für uns. Wenn wir uns zur Haltung von Haustieren entschließen, haben wir uns in der Tat reichlich Arbeit eingehandelt, denn sie brauchen Futter und Pflege sowie Schutz vor Raubtieren und der Witterung. Es wird kaum genügen, vorhandenes Gras abzumähen und zu Heu zu trocknen, sondern die Wildwiesen müssen gepflegt und gedüngt werden. Hühner benötigen Körnerfutter, das anzubauen wäre – kurz, die Vorteile sind unbestritten, aber man muß sich über den damit verbundenen Arbeitsaufwand klar sein. Da ist es sinnvoller, einen kleinen Hausgarten anzulegen, in dem Gemüse angebaut wird und der uns folglich mit der in ihrer Wichtigkeit nicht zu unterschätzenden pflanzlichen Ergänzungsnahrung versorgt. Mit Spaten und Hacke läßt sich ein solcher Garten schon ganz gut in Ordnung halten, ohne unverhältnismäßig viel Zeit in Anspruch zu nehmen, und es ist sogar möglich, Kartoffeln anzubauen, die ja im Winter außerordentlich wichtige Vitaminspender sind und selbst in Alaska oder den kanadischen Northwest Territories reif werden!

Im Herbst kommt die geschäftigste Zeit. Jetzt gilt es, Vorräte für den langen Winter anzulegen, und wenn wir Hunde haben, muß auch für sie durch Fischfang und Jagd so vorgesorgt werden, daß sie gut über den Winter kommen. Das Fleisch der erbeuteten Tiere und ihr Fell muß zum Blockhaus geschafft werden, und dann beginnt der langwierige Prozeß des Räucherns und Trocknens. Gleichzeitig wird die Decke zu Leder verarbeitet oder samt den Haaren als Fell gegerbt. Fett wird ausgelassen, um später zum Braten oder zur Bereitung von Pemmikan zu dienen; in fließenden Gewässern werden die flußaufwärts wandernden Lachse gefangen und zum Räuchern aufgehängt. Der Herbst ist aber auch die Zeit des Sammelns von Beeren, Nüssen, Pilzen und anderen Gewächsen, die wir zum Ausgleich unserer einseitigen Fleischernährung benötigen. Bis in den beginnenden Frost hinein sind wir eifrig beschäftigt, und auch danach noch einige Zeit. Wenn bereits Schnee liegt, die Minus-Temperaturen aber noch einigermaßen erträglich sind, wird die Bergung eines größeren Beutetieres sogar ganz wesentlich erleichtert, denn nun müssen wir nicht alles mühsam nach Hause tragen, sondern können das Wildpret auf einem Schlitten transportieren. Zwei Hunde können drei bis vier Zentner ziehen, also das Mehrfache dessen, was sie tragen können. Sie benötigen, wenn sie keine schwere Arbeit zu verrichten haben, etwa ein Kilogramm Frischfleisch oder doppelt so viel Fisch; bei getrocknetem Fleisch oder Fisch ist es entsprechend weniger. Wenn die Temperaturen niedrig genug sind, muß die Beute nicht einmal konserviert werden, sondern wir können sie wie die moderne Hausfrau einfrieren. Wohl werden die Temperaturen zum eigentlichen Tiefgefrieren noch zu hoch sein, aber das Fleisch hält sich doch sehr lange.

Den Schlitten und auch die Schneeschuhe sollte man zweckmäßigerweise bereits im Sommer anfertigen, wenn es lediglich gilt, den laufenden Bedarf an Nahrungsmitteln zu decken und abgestorbene Bäume zu Brennholz zu verarbeiten. Wenn in der Umgebung des Blockhauses mit der Zeit alle abgestorbenen Bäume verarbeitet sind, müssen grüne Bäume gefällt werden; da diese etwa ein Jahr zum Trocknen benötigen, bevor sie als Brennholz geeignet sind, muß man recht langfristig vorausdisponieren. Wie viel Holz während eines Winters verfeuert wird, läßt sich allgemeingültig nicht annähernd sagen, das hängt von der Größe

Einfache Schneeschuhe, die das Einsinken in den Schnee verhindern. Im Gegensatz zu unseren Skiern gleitet man damit nicht, sondern man watet. Die Lederstreifen dienen als Bindung, die Schnur erleichtert es, den Schneeschuh herauszuziehen, wenn sich seine Spitze in den Schnee gebohrt hat.

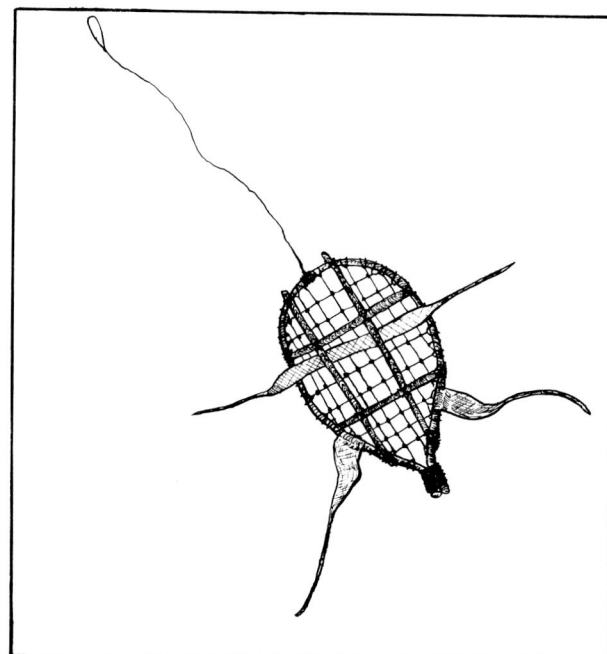

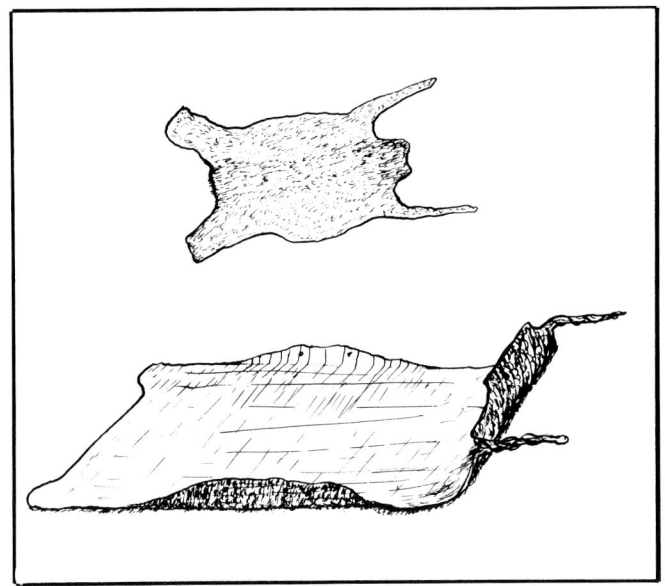

Provisorischer Schlitten, der bei Minustemperaturen aus dem Fell eines Beutetieres hergestellt werden kann. Das darüber abgebildete Fell in Körperform läßt erkennen, wie die warme Haut bis zum Gefrieren modelliert wird. Die zusammengedrehte Haut der Vorderläufe dient zur Befestigung der Zugseile.

und der Isolierung des Blockhauses, der Außentemperatur, der Feuerstelle und dem persönlichen Wärmebedarf ab. Jedenfalls ist es eine beachtliche Menge, und der erste Winter mag einen Anhaltspunkt geben. Es ist besser, zu viel als zu wenig Brennholz geschlagen zu haben, denn schließlich benötigen wir Holz auch im nächsten Frühjahr und Sommer zum Kochen, die Arbeit war also keineswegs umsonst.

Zurück zu Schlitten und Schneeschuhen. Bei Minustemperaturen ist die Herstellung eines provisorischen Schlittens zur Bergung von Wildpret sehr einfach. Man schlägt das erlegte Wild aus der Decke, wie der Jäger das Abhäuten nennt, formt im Schnee eine Kuhle mit sanft gerundeter Vorderseite und legt sie mit der Decke so aus, daß die Haare nach unten kommen und nach hinten weisen. Nun beginnt man mit dem Zerwirken der Beute, wobei das Beil wichtigere Dienste leistet als das Messer. Wenn man fertig ist, dürfte auch die Decke steif gefroren sein und die richtige Form haben. Diesen Schlitten können wir noch in seiner Gleitfähigkeit verbessern, wenn wir die Haarseite kurz in Wasser tauchen oder Wasser darübergießen. Es gefriert zu Eis, und damit ist die Gleitfähigkeit hervorragend. Auf diesem Schlitten können wir verhältnismäßig leicht auch einen schweren Elch abtransportieren. Er ist natürlich ein Behelf, der nicht lange hält, und wir werden uns auch hüten, die Decke leichtfertig zu ruinieren, falls wir sie noch anderweitig benötigen. Was die Schneeschuhe anbelangt, so sind sie nicht mit unseren Ski zu vergleichen. Ihre Aufgabe ist es vor allem, ein Einsinken in lockeren Schnee zu verhindern. Deshalb sind sie oval, aus Weidenzweigen geflochten und z. Teil mit Fell bespannt oder mit Riemen verknüpft. Lange halten sie nicht; ein Trapper mit einer langen Fallenstrecke, die er zu kontrollieren hat, verschleißt während eines Winters mehrere Paare. Das Schneeschuhlaufen ist sehr anstrengend, bis man sich daran gewöhnt hat, aber vor allem in tiefem Schnee mit nicht tragfähiger Harschdecke ereilt man damit leicht alle größeren Säugetiere.

Wild zieht sich im Winter in tiefere, geschützte Lagen zurück, während es in den heißen Sommermonaten die höheren Lagen bevorzugt, um sich vor allem vor der Fliegenplage zu schützen. Uns geht es ähnlich; Robinson, obgleich aus anderen Gründen, und in völlig anderen geografischen Breiten lebend, hatte ja auch ein Sommerhäuschen neben seinem eigentlichen Quartier. Die Fliegenplage kann während der Sommermonate in tieferen Lagen und in Flußnähe so unbeschreiblich sein, daß es sinnvoll ist, ein höher gelegenes Sommerlager zu beziehen. Dieses Lager kann sehr viel einfacher sein, weil es ja nicht vor der Kälte schützen muß. Man kann aber auch zwei Fliegen mit einer Klappe schlagen und es zum Endpunkt der Fallenstrecke machen, falls wir im Winter eine solche unterhalten. Das bedeutet dann, daß wir einmal in der Woche unsere Traplinie abgehen, an deren Ende in unserem Sommerquartier übernachten und am nächsten Tag zurückkommen.

Falls wir uns ein Sommerquartier in den Bergen gebaut haben, müssen wir im Frühjahr, noch bevor die Fliegenplage beginnt, unsere Brennholzvorräte schlagen. Auch im Sommerquartier benötigen wir etwas Brennholz zum Kochen; falls wir gelegentlich auch im Winter dort übernachten, muß es mehr sein.

Natürlich kann man sich seinen Bauplatz gleich so aussuchen, daß die Fliegenplage während des Sommers sich in Grenzen hält. Leider begünstigen eine windgeschützte Lage und die Wassernähe als angestrebte Eigenschaften eines geeigneten Standortes auch das Auftreten der Fliegenplage. Ein einziges Dauerquartier ist dennoch die Regel, eine Aufteilung in Sommer- und Winterquartier die seltene Ausnahme.

Zu den Grenzfällen, bei denen man zwischen dem Wunsch nach selbstgenügsamer Unabhängigkeit und dem praktischen, einfachen Kauf von Gebrauchsartikeln schwankt, gehört auch die Kleidung. Gewiß können wir uns Kleidung aus Häuten und Fellen erlegter Tiere selbst anfertigen. Ob das wirklich sinnvoll ist, sei dahingestellt. Overalls aus starkem Jeansstoff, Hemden, Strümpfe und Unterwäsche sind nicht selbst aus »natürlichen« Rohstoffen herzustellen, erleichtern uns das Leben aber so sehr, daß wir nicht ohne zwingende Notwendigkeit darauf verzichten werden. Das gilt noch viel mehr für die Schuhe. Die verhältnismäßig einfach herstellbaren Mokassins der Indianer halten nicht sehr lange und geben dem Fuß wenig Halt. Auch ist ihre Sohle nicht profiliert. Solide Knöchelstiefel sind weitaus besser geeignet und halten recht lange. Noch wichtiger sind Gummistiefel in einem Land, das noch ursprünglich genug ist, um überall Sumpf, Wasser, Feuchtigkeit und Schlamm zu haben. Richtig trocken ist es eigentlich nur im Winter, wenn die Feuchtigkeit gefroren ist. Im Winter aber benötigt man Schuhe, die vor der eisigen Kälte schützen. Im Winter wird man auch mit der übrigen Kleidung nach optimalem Kälteschutz streben. Wohl kann man sich mit Fellen gut vor der Kälte schützen, aber eine solche Kleidung ist dann recht schwer. Immerhin mag das ja noch angehen, aber es gibt keine Möglichkeit, sich wirklich bei ausschließlicher Verwendung »natürlicher« Materialien vor einem längeren Dauerregen zu schützen, es sei denn, man würde die alten Aleutenbewohner nachahmen. Die nämlich fertigten sich in ihrer extrem regnerischen Heimat Regenmäntel aus dem Gedärm erlegter Robben, die sogenannten Kemleikas! Man kann natürlich argumentieren, daß es einem harten Naturburschen nichts ausmachen darf, wenn er einmal naß wird. Richtig, aber es ist doch sehr unangenehm, wenn man sich längere Zeit in nasser Kleidung bewegen muß, und auch ein abgehärteter Naturbursche ist nicht gegen eine Erkältung oder gar eine Lungenentzündung gefeit.

Wer es eilig hat, die Zivilisation zu verlassen, wird sich ihrer Hilfsmittel bedienen müssen! Nein, auf den Geländewagen wollen wir dennoch verzichten, es sei denn, ein Freund fährt uns damit samt Gepäck und eventuell dem Boot und/oder den Hunden, so weit das mit einem Geländewagen möglich ist, und wir beginnen dort den eigentlichen Marsch. Konsequenter ist es dann allerdings, sich gleich mit einem Buschflugzeug samt Gepäck und Hund(en) in das Zielgebiet einfliegen zu lassen. Buschflugzeuge sind überall am Rand der Wildnis im Norden des amerikanischen Kontinents zu mieten, und der Pilot setzt uns dort ab, wo wir es wünschen. Er benötigt dazu lediglich eine ausreichend große Wasserfläche, und die ist praktisch überall zu finden. Vom Flugzeug hat man einen sehr guten Überblick, kann sich von oben einen geeigneten Platz aussuchen und gleich die nähere und weitere Umgebung inspizieren. Selbst viele der heute noch vorhandenen Trapper lassen sich zu Beginn des Winters einfliegen und im Frühjahr wieder abholen.

Wir lassen uns natürlich nicht zu Beginn des Winters einfliegen, sondern im Frühjahr, sobald die Gewässer eisfrei sind. Das ist nicht vor dem Mai der Fall. Die Zeit bis zum Beginn des Winters benötigen wir, um uns häuslich einzurichten. Das für den längeren Aufenthalt gebaute Blockhaus ist ja nicht nur größer, sondern es wird auch besonders sorgfältig zusammengebaut, und das dauert seine Zeit. Daneben müssen wir jagen und fischen, um unsere Hunde und uns selbst zu ernähren, und möglichst auch noch genügend Brennholz schlagen; bis die geschäftige Zeit im Herbst beginnt, also Anfang September, müssen diese Arbeiten abgeschlossen sein, sodaß dafür kaum mehr als drei Monate zur Verfügung stehen.

Leider ist das Frühjahr so ziemlich die schlechteste Jahreszeit, um durch die Wildnis zu marschieren. Durch das Tauwetter sind die gewaltigen Schnee- und Eismassen dahingeschmolzen und haben den Boden zu einem Morast verwandelt. Die zu durchquerenden Gewässer sind wirklich noch eisig, nur wenige Grad über dem Gefrierpunkt. Trockenes Holz ist um diese Jahreszeit kaum zu finden, sodaß selbst ein Lagerfeur zum Problem wird. Besser wäre es, bis zum Juli zu warten, allerdings muß man sich dann mit den Fliegen herumschlagen. Vor allem aber wird dann die Zeit sehr knapp, um noch vor dem Herbst ein ordentliches Blockhaus zu bauen, Holz zu schlagen usw. Eben deshalb ist das Flugzeug gar keine schlechte Idee, auch wenn es den überzeugten Anhängern des selbstgenügsamen Lebens ein Greuel sein mag.

Wann ist die beste Zeit, um den alljährlichen Trip zu einem Außenposten der Zivilisation zu machen, um Patronen, Petroleum, Ersatzkleidung usw. einzukaufen? Nun, das Frühjahr scheidet aus, weil der Marsch dann extrem beschwerlich ist. Im Herbst sind zu viele andere Dinge zu erledigen. Wenn man rechtzeitig damit fertiggeworden ist und die Entfernung nicht zu weit ist, kann man gut im Spätherbst losmarschieren. Allerdings ist damit immer ein gewisses Risiko verbunden: im Idealfall erreicht man, mit den Pelzen des letzten Winters leicht beladen, noch vor dem Einsetzen von Frost das Ziel, wartet, bis die Winterzeit begonnen hat und die Flüsse eine tragfähige Eisdecke haben, und bricht dann mit einem einfachen Schlitten, der von den Hunden gezogen wird und die erstandenen Waren enthält, zum Heimweg auf. Bevor die extremen Temperaturen und die Schneestürme kommen, ist man wieder im warmen Blockhaus. Wie gesagt, das ist der Idealfall. Hat man Pech, bricht schon auf dem Hinmarsch der Winter herein, oder die Eisdecke auf den Flüssen ist während des Heimwegs doch nicht tragfähig, oder ein Schneesturm überrascht uns, und was es an unangenehmen Überraschungen mehr gibt. Im tiefen Winter werden wir den Marsch ohnehin nicht riskieren, es bleibt also nur noch der Sommer übrig. Das bedeutet, daß wir unsere Last nicht auf einem Schlitten, sondern auf den Schultern transportieren müssen, auf unseren und jenen unserer Hunde.

Bewußt wurde bisher immer davon ausgegangen, daß ein Mensch allein sich mit den Gefahren der Wildnis auseinandersetzen muß, sowohl bei einer echten Survival-Situation als auch bei einem freiwilligen längeren Aufenthalt mit bescheidenen Hilfsmitteln. Mit zwei oder gar mehr Personen wird manches viel einfacher. Ein Beil, eine Säge, ein Stemmeisen, ja sogar ein Gewehr würde auch für mehrere Personen genügen, sodaß die Last viel besser aufgeteilt werden kann. Ein komplettes Gürtel-Kit sollte allerdings jede Person ständig mitführen, denn sie kann ja dennoch plötzlich auf sich allein gestellt sein.

Die Arbeitsteilung ist ein weiterer Vorteil mehrerer Personen gegenüber dem Einzelgänger; mehr noch: besonders schwere Arbeiten, wie das Auflegen langer Stämme bei dem Bau des Blockhauses, können nur mit vereinter Kraft gemeistert werden. Zwei oder mehr Personen können sich gegenseitig helfen: bei unsicherer Eisdecke wird einer vorsichtig an einem Seil den Fluß überqueren und der andere bereitstehen, ihn notfalls wieder an Land zu ziehen; hat es geklappt, kommt es zum Rollentausch. Bricht sich eine Person ein Bein, kann das katastrophale Folgen haben, wenn man allein ist; ein Helfer läßt die Katastrophe zur Unannehmlichkeit werden. Während eine Person das Räuchern und Trocknen des Wildprets und der Fische überwacht, Pemmikan herstellt, kocht und andere Lagerarbeiten macht, ist die andere Person auf der Jagd oder sammelt Nüsse, Pilze oder Beeren. Eine Person macht Brennholz für den Winter, die andere bricht auf, um Vorräte zu besorgen. Die Fähigkeiten, Kenntnisse und Neigungen sind bei uns Menschen unterschiedlich verteilt, so daß zwei oder mehr Personen sich gut ergänzen können. Schließlich kann man sich gegenseitig unterhalten, Karten spielen oder was auch immer.

So weit, so gut. In einer echten Survival-Situation hat man natürlich keine Möglichkeit, zu beeinflussen, ob man allein betroffen ist oder gemeinsam mit einer oder mit mehr Personen hineingerät. Auf jeden Fall ist es schwieriger, eine solche Situation allein zu meistern, und deshalb erübrigt es sich, auf die erleichterten Bedingungen einzugehen, mit denen sich zwei oder gar mehr Personen auseinandersetzen müssen.

Etwas anderes ist es mit einem freiwilligen längeren Aufenthalt. Hier liegt es angesichts der beträchtlichen Vorteile nahe, daß sich zwei oder drei Freunde zusammentun, deren Fähigkeiten und Neigungen sich möglichst ergänzen. Allerdings kommt es dabei leider allzu oft zu erheblichen Problemen im zwischenmenschlichen Bereich. Bedenken Sie bitte, daß es großer Umstellungen bedarf, bevor man mit lebenslangen Gewohnheiten bricht, sich frei von der bisherigen Hektik macht und in der Lage ist, einmal längere Zeit zu dösen und überhaupt nichts zu tun, wie das durch eine Regenperiode erzwungen werden kann. Wenn man immer nur das gleiche Gesicht sieht, die gleichen Bemerkungen hört, sich über die gleichen Kleinigkeiten ärgert, ohne daß man sich aus dem Weg gehen kann, dann muß es irgendwann einmal zu einer Explosion kommen, die um so ärger ausfällt, je länger man sich beherrschen mußte. Meistens sind es ja keine schwerwiegenden Gründe, die dazu führen, daß man sich gegenseitig in die Haare gerät, und wenn beide Partner das erkannt haben, sich bemühen und genug persönliches Format haben, um an der Einsamkeit der Wildnis nicht zu zerbrechen, dann kann man sich mit der Zeit wohl arrangieren. Das »Alleinsein zu zweit« will aber erst gelernt und erprobt sein. Manches wird erleichtert, wenn eine Person klar dominiert und die andere damit zufrieden ist, deren Dominanz anzuerkennen, wie das seit Urzeiten der Rollenverteilung zwischen Mann und Frau entspricht.

Bei drei Personen kommt es seltener zu einer Polarisation zwischen zwei dieser drei Personen, aber meistens verbünden sich mehr oder weniger bewußt zwei Personen gegen die dritte. Erst ab vier Personen wird alles etwas leichter.

Das alles soll Sie keineswegs davon abhalten, gemeinsam mit einem Freund, der Frau oder Freundin oder auch mit mehreren Freunden längere Zeit abseits der Zivilisation in der Wildnis zu verbringen. Bekanntlich ist geteiltes Leid nur noch halbes Leid, und umgekehrt kann die Freude an der grenzenlosen Freiheit gemeinsam vielleicht erst so richtig ausgekostet werden. Das Leben in der Wildnis aber ist rauh und mit körperlicher Arbeit verbunden, so manche Freundschaft (oder Liebe) ist schon daran zerbrochen.

10. Anhang

1. Gürtel-Kit
Rettungsdecke, Marschkompaß, Brennglas, Wetzstein, Angelzeug, Feuerzeug, Nähzeug, Mullbinde, evtl. Jod und Fliegenschutz in Gürteltasche, sowie am Gürtel Messer und Mini-Beil.

2. Rucksack-Kit
Zusätzlich zum Gürtel-Kit, evtl. aber statt Mini-Beil richtiges Beil im Rucksack, sowie Kochtopf-Set (evtl. mit Besteck und Notnahrung), Schlafsack, Sägeblatt, Erste Hilfe-Päckchen, Faltkanister, Dynamo-Taschenlampe (mit Reservebirnchen), Unterwäsche (lang und kurz), Hemd, Pullover, Socken, Parka-Futter, Poncho, Handschuhe, Fäustlinge. evtl.: Füßlinge, wasserdichte Beinlinge, Holzbohrer, Pocket-Fisherman, Mini-Zelt, Toilettenartikel usw.

3. Geschäfte
Die meisten Artikel erhält man in Sport-Fachgeschäften oder im Handel. Spezialisiert auf Expeditions-Ausrüstungen sind
Därrs Expeditions-Service, Kirchheimer Str. 2, 8016 Heimstätten.
Globetrott-Zentrale Tesch, Korneliusmarkt 56, 5100 Aachen.
Georg Bannat, Weisestr. 34, 1000 Berlin 44.

Messer, Mini-Beile usw. sind im Jagd- und Waffen-Fachhandel erhält-
lich. Die größten deutschen Jagdausrüster sind
Waffen-Frankonia, Postfach 6780, 87 Würzburg
Eduard Kettner, Postfach 101165, 5 Köln 1.
Spezialisiert auf Messer, Mini-Beile und alles was dazugehört, in bester
Qualität und Handarbeit, ist
Wolf Borger, Karlsruher Str. 48, 7523 Graben-Neudorf
Eine besondere Fundgrube sind Geschäfte mit neuen oder gebrauchten
Militär-Artikeln, von denen stellvertretend genannt sei:
Raer GmbH, Postfach 261, Altes Dorf 18-20, 32 Hildesheim.

4. Anschriften
Auswärtiges Amt, Postfach, 53 Bonn (Anschriften deutscher Konsulate
im Ausland).
Botschaft von Kanada: Friedrich Wilhelm-Str. 18, 53 Bonn
Botschaft der USA: Mehlemer Aue, 53 Bonn

5. Literatur
1. Angier/Bradford: Living off the Country
2. Ebeling/Engelbrecht: Kämpfen und Durchkommen
3. Meissner: Die überlistete Wildnis
4. »Nessmuk«: Woodcraft and Camping
5. Thöne/Kaufmann: Karte und Kompaß
6. Troebst: Auf Wunder ist kein Verlaß
7. Volz: Überleben
8. Wigginton: The Foxfire Book
9. sowie diverse militärische Veröffentlichungen.

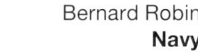